선악을
알게 하는 나무

왜 하나님은 생명의 동산에 죽음의 나무를 세우셨을까?

정대웅 지음

선악을 알게 하는 나무

지은이 · 정대웅 ‖ 펴낸이 · 김승태

초판 1쇄 찍은 날 · 2008년 1월 5일 ‖ 초판 1쇄 펴낸 날 · 2008년 1월 10일

편집 · 김지인, 이덕희, 방현주 ‖ 본문편집디자인 · 이훈혜

표지 디자인 · 박한나

영업 · 변미영, 장완철 ‖ 물류 · 조용환, 엄인휘

등록번호 · 제2-1349호(1992. 3. 31) ‖ 펴낸 곳 · 예영커뮤니케이션

주소 · (110-616) 서울시 성북구 성북1동 179-56 ‖ 홈페이지 www.jeyoung.com

출판사업부 · T. (02)766-8931, F. (02)766-8934 e-mail: master@jeyoung.com

출판유통사업부 · T. (02)766-7912 F.(02)766-8934 e-mail: master@jeyoung.com

Copyright ⓒ 2008 정대웅

ISBN 978-89-8350-462-3(03230)

값 7,500원

선악을
알게 하는 나무

왜 하나님은 생명의 동산에 죽음의 나무를 세우셨을까?

정대웅 지음

예영커뮤니케이션

서문

　태초에 천지가 창조되던 날, 하나님은 이 땅에 참으로 신비로운 나무 하나를 만들어 두셨습니다. 그 나무의 이름은 '선악을 알게 하는 나무'였습니다. 그 나무는 에덴동산 한 가운데에서, 생명나무와 나란히, 그리고 심히 아름답고 좋은 열매들을 가진 여러 나무들 사이에 서 있었습니다. 그 모양은 아름답기 그지없었지만, 그것은 너무나도 위험한 나무였습니다. 왜냐하면 하나님께서 그 열매를 탐하여 먹는 자에게 '죽음'을 선언하셨기 때문입니다.

　왜 하나님은 그토록 위험한 나무를 에덴동산에 두셨을까요? 왜 하나님은 아담과 하와가 죄를 짓기 직전에 그들의 행동을 적극적으로 막지 않으셨을까요? 만일 하나님이 인간의 범죄를 미리 막으셨다면 전 인류에게 사망과 지옥이라는 참으로 비참한 일들이 결코 발생하지 않았지 않았을까요? 도저히 감당할 수 없는 대 재난들과 큰 전쟁들, 그리고 도무지 해결되지 않는 큰 슬픔과 비극을 만날 때마다 사람들은 인류의 모든 고통의 원인이 된 선악과 사건을 떠올리며 하나님께 이러한 원망 섞인 질문들을 던지곤 합니다.

그러나 우리는 이 모든 비극의 근본적인 책임이 인간에게 있다는 것을 잘 알고 있습니다. 그래서 많은 사람들은 죄를 지을 수도 있고 짓지 않을 수도 있는 자유의지에 초점을 맞추어 선악과 사건의 본질을 설명해 왔습니다. 자유의지의 남용 때문에 죄를 범했다는 기존의 설명은 하나도 틀린 것이 없습니다. 그러나 아쉬운 것은, 자유의지의 남용이라는 사실 외에도 우리가 선악과 사건을 통해서 반드시 알아야 될 성경적인 교훈들과 새로운 사실들이 너무나도 많다는 데 있습니다.

이에 본인은 선악과나무와 관련된 기존의 해석과 의문들에 대해 여러 가지의 질문들을 던질 것입니다. 성경의 바른 해석과 적용을 위해 철저하고 엄격한 성경적인 원리를 적용하여 그 온전한 대답을 성경 안에서 발견하려고 합니다. 그 어떤 질문에도 대답할 수 있는 올바른 성경적인 원리와 해석을 소개하려고 합니다. 또한 신앙생활 중에 앞으로 언제든지 발생할 수 있는 고민들에 대해 미리 그 해답을 제시하고자 합니다.

오직 이 글을 쓰게 된 것은, 하나님의 온전하신 뜻을 부족함과 왜곡됨이 없이 있는 그대로 밝히 드러내어야만 하는 말씀을 맡은 자로서의 소명에 대한 책임감 때문입니다. 선악과나무 사건을 통하여 그 속에 나타나 있는 거룩하신 하나님의 뜻과 계획을 발견하고, 모든 주의 백성들에게 올바른 하나님의 가르침을 잘 드러내는 것이 이 글의 목적입니다. 그동안 선악과와 관련된 여러 가지 의문들로 인해 궁금해 하시고 고민하시던 분들에게 이 글이 작은 도움이라도 된다면 더 이상 바랄 것이 없겠습니다. 감사합니다.

정대웅 목사

차 례

여호와 하나님이 동방의 에덴에 동산을 창설하시고 그 지으신 사람을 거기 두시니라 여호와 하나님이 그 땅에서 보기에 아름답고 먹기에 좋은 나무가 나게 하시니 동산 가운데에는 생명나무와 선악을 알게 하는 나무도 있더라

강이 에덴에서 흘러나와 동산을 적시고 거기서부터 갈라져 네 근원이 되었으니 첫째의 이름은 비손이라 금이 있는 하윌라 온 땅에 둘렸으며 그 땅의 금은 순금이요 그 곳에는 베델리엄과 호마노도 있으며 둘째 강의 이름은 기혼이라 구스 온 땅을 둘렸고 셋째 강의 이름은 힛데겔이라 앗수르 동쪽으로 흘렀으며 넷째 강은 유브라데더라

여호와 하나님이 그 사람을 이끌어 에덴동산에 두어 그것을 경작하며 지키게 하시고 여호와 하나님이 그 사람에게 명하여 이르시되 동산 각종 나무의 열매는 네가 임의로 먹되 선악을 알게 하는 나무의 열매는 먹지 말라 네가 먹는 날에는 반드시 죽으리라 하시니라

여호와 하나님이 이르시되 사람의 혼자 사는 것이 좋지 아니하니 내가 그를 위하여 돕는 배필을 지으리라 하시니라

여호와 하나님이 흙으로 각종 들짐승과 공중의 각종 새를 지으시고 아담이 무엇이라고 부르나 보시려고 그것들을 그에게로 이끌어 가시니 아담이 각 생물을 부르는 것이 곧 그 이름이 되었더라

아담이 모든 가축과 공중의 새와 들의 모든 짐승에게 이름을 주니라 아담이 돕는 배필이 없으므로 여호와 하나님이 아담을 깊이 잠들게 하시니 잠들매 그가 그 갈빗대 하나를 취하고 살로 대신 채우시고 여호와 하나님이 아담에게서 취하신 그 갈빗대로 여자를 만드시고 그를 아담에게로 이끌어 오시니

아담이 이르되 이는 내 뼈 중의 뼈요 살 중의 살이라 이것을 남자에게서 취하였은즉 여자라 부르리라 하니라 이러므로 남자가 부모를 떠나 그의 아내와 합하여 둘이 한 몸을 이룰지로다

아담과 그 아내 두 사람이 벌거벗었으나 부끄러워하지 아니하니라

그런데 뱀은 여호와 하나님이 지으신 들짐승 중에 뱀이 가장 간교하니라 뱀이 여자에게 물어 이르되 하나님이 참으로 너희에게 동산 모든 나무의 열매를 먹지 말라 하시더냐 여자가 뱀에게 말하되 동산 나무의 열매를 우리가 먹을 수 있으나 동산 중앙에 있는 나무의 열매는 하나님의 말씀에 너희는 먹지도 말고 만지지도 말라 너희가 죽을까 하노라 하셨느니라

뱀이 여자에게 이르되 너희가 결코 죽지 아니하리라 너희가 그것을 먹는 날에는 너희 눈이 밝아져 하나님과 같이 되어 선악을 알 줄 하나님이 아심이니라

여자가 그 나무를 본즉 먹음직도 하고 보암직도 하고 지혜롭게 할 만큼 탐스럽기도 한 나무인지라 여자가 그 열매를 따 먹고 자기와 함께 한 남편에게도 주매 그도 먹은지라 이에 그들의 눈이 밝아져 자기들이 벗은 줄을 알고 무화과나무 잎을 엮어 치마로 삼았더라

그들이 그 날 바람이 불 때 동산에 거니시는 여호와 하나님의 소리를 듣고 아담과 그의 아내가 여호와 하나님의 낯을 피하여 동산 나무 사이에 숨은지라

여호와 하나님이 아담을 부르시며 그에게 이르시되 네가 어디 있느냐 이르되 내가 동산에서 하나님의 소리를 듣고 내가 벗었으므로 두려워하여 숨었나이다 이르시되 누가 너의 벗었음을 네게 알렸느냐 내가 네게 먹지 말라 명한 그 나무 열매를 네가 먹었느냐

아담이 이르되 하나님이 주셔서 나와 함께 있게 하신 여자 그가 그 나무 열매를 내게 주므로 내가 먹었나이다 여호와 하나님이 여자에게 이르시되 네가 어찌하여 이렇게 하였느냐 여자가 이르되 뱀이 나를 꾀므로 내가 먹었나이다 여호와 하나님이 뱀에게 이르시되 네가 이렇게 하였으니 네가 모든 가축과 들의 모든 짐승보다 더욱 저주를 받아 배로 다니고 살아 있는 동안 흙을 먹을지니라

내가 너로 여자와 원수가 되게 하고 네 후손도 여자의 후손과 원수가 되게 하리니 여자의 후손은 네 머리를 상하게 할 것이요 너는 그의 발꿈치를 상하게 할 것이니라 하시고

또 여자에게 이르시되 내가 네게 임신하는 고통을 크게 더하리니 네가 수고하고 자식을 낳을 것이며 너는 남편을 원하고 남편은 너를 다스릴 것이니라 하시고 아담에게 이르시되 네가 네 아내의 말을 듣고 내가 네게 먹지 말라 한 나무의 열매를 먹었은즉 땅은 너로 말미암아 저주를 받고 너는 평생에 수고하여야 그 소산을 먹으리라

땅이 네게 가시덤불과 엉겅퀴를 낼 것이라 네가 먹을 것은 밭의 채소인즉 네가 흙으로 돌아갈 때까지 얼굴에 땀을 흘려야 먹을 것을 먹으리니 네가 그것에서 취함을 입었음이라 너는 흙이니 흙으로 돌아갈 것이니라 하시니라

아담이 그의 아내의 이름을 하와라 불렀으니 그는 모든 산 자의 어머니가 됨이더라 여호와 하나님이 아담과 그의 아내를 위하여 가죽 옷을 지어 입히시니라 여호와 하나님이 이르시되 보라 이 사람이 선악을 아는 일에 우리 중 하나 같이 되었으니 그가 그의 손을 들어 생명나무 열매도 따 먹고 영생할까 하노라 하시고 여호와 하나님이 에덴동산에서 그를 내보내어 그의 근원이 된 땅을 갈게 하시니라 이같이 하나님이 그 사람을 쫓아내시고 에덴동산 동쪽에 그룹들과 두루 도는 불 칼을 두어 생명나무의 길을 지키게 하시니라 (창2:8~3:24)

제1장 풀리지 않는 의문들

창조와 타락 그리고 구속은 온 우주의 시작과 함께 찾아온 하나님의 큰 숙제요 고민이었습니다. 모든 것을 선하고 아름답게 창조하신 하나님께서, 그 창조물들로부터 모든 영광과 존귀와 찬송을 온전히 받으셔야 할 그 하나님께서, 인격적인 피조물들을 만드신지 얼마 되지도 않아 두 번의 쓰라린 배신을 당하셨기 때문입니다. 첫째는, 천상의 존재들인 천사들의 반역이었으며 둘째는, 하나님의 형상으로 지구 위에 창조된 아담과 하와의 배신이었습니다. 완전하신 하나님의 두 걸작품들이었던 천사와 인간의 일관된 타락은 너무나 충격적이어서 하나님의 창조능력과 온전하심에 의문을 가지게 될 정도입니다.

혹시라도 하나님이 천사들과 인간들을 잘못 만드신 것은 아닐까요? 그렇지 않다면 왜 두 도덕적 존재는 그토록 쉽게 하나님께 등을 돌리고 말았을까요? 왜 하나님은 먹으면 죽게 되는 너무나도 위험한 나무를 동산 중앙에 두셨을까요? 왜 하나님은 죄짓는 인간들을 적극적으로 막지 않으셨을까요? 태초 이전부터 모든 것을 미리 아시는 하나님께서 왜 인간이 장차 타락할 것을 아셨음에도 불구하고 인간들을 창조하셨을까요? 왜 하나님은 하와를 유혹한 사탄을 미리 결박하지 않으셨을까요? 타락 후 생명나무의 열매를 따 먹고 영생하려고 했던 아담을 하나님은 왜 막으셨을까요?

생각하면 할수록 창세기에 기록된 하나님의 말씀들에는 여전히 이해되지 않고 풀리지 않는 수많은 의문들이 존재하고 있습니다. 우리는 이 문제들에 대하여 그동안 어떤 설명을 들어왔으며 어떤 대답들을 해 왔습니까? 그 설명과 대답이 위의 질문들에 대해 전혀 막힘이 없는 명확한 성경적인 해결책이라고 자신할 수 있습니까?

그 동안 많은 사람들은 선악과나무를 통한 인류의 최초의 범죄를 설명하기 위해 사람에게 부여된 '자유의지'에만 너무나 많은 비중을 두어 설명해 왔습니다. 즉, 인간은 죄를 지을 수도 있고 짓지 않을 수도 있는 자유의지를 가진 채 창조되었는데, 하나님은 선악을 알게 하는 나무를 에덴동산에 두심으로 그러한 인간의 자유의지를 시험하시기 원하셨고, 인간은 결국 하나님의 기대에 부응하지 못하고 하나님 말씀에 불순종하는 방향으로 그 의지를 사용하고 말았기에 죄가 이 세상에 들어오게 되었다는 설명입니다. 자유의지의 남용은 인류 최초의 범죄를 설명하는 데 있어 매우 중요한 요소임은 분명합니다.

그러나 자유의지의 문제는 범죄가 발생할 수 있는 한 가능성을 설명하는 요소일 뿐이라는 사실을 많은 사람들이 간과하고 있습니다. 하나님을 배신하면서까지 인간이 얻고자 했던 범죄의 동기와 목적, 그 배후에서 인간을 유혹해야만 했던 사탄의 목적, 그리고 미래의 사건을 미리 아시는 전지전능하신 하나님께서 인간의 범죄를 막기 위해 행하신 보호책 등은 자유의지 하나만으로는 전혀 설명될 수 없기 때문입니다. 그러므로 우리는 인류 최초의 범죄 사건을 처음부터 다시 성경을 통해 철저히 검

증해야 하는 것입니다.

　이러한 문제들을 해결하기 위해서는 오직 성경을 근거로, 오직 성경적인 연구 방법을 통하여 접근하는 것이 반드시 필요합니다. 우리는 하나님을 배신한 사탄과 인간의 악독함만을 파헤칠 것이 아니라, 그토록 위험한 선악과를 아담과 하와에게 줄 수밖에 없었던 하나님의 진정한 뜻도 반드시, 그리고 명확하게 해석해 내야만 합니다. 그 어떤 상황에서도 하나님의 전지전능하심과 온전하심과 거룩하심과 인자하심이 가려져서는 안 되기 때문입니다. 불명확한 해석으로 인해 계속적인 원망이 하나님께 돌려져서는 안 될 것입니다. 인간을 향하신 하나님의 무한한 사랑과 긍휼을 우리는 철저히 성경을 통해 밝혀내야만 합니다. 하나님은 결코 죄짓기 쉬운 위험한 물건을 이유 없이 인간들에게 주실 분이 아니기 때문입니다.

제2장 선악을 알게 하는 나무에 대한 13가지 질문

"여호와 하나님이 그 사람을 이끌어 에덴동산에 두어 그것을 다스리며 지키게 하시고 여호와 하나님이 그 사람에게 명하여 이르시되 동산 각종 나무의 열매는 네가 임의로 먹되 선악을 알게 하는 나무의 열매는 먹지 말라 네가 먹는 날에는 반드시 죽으리라 하시니라"(창 2:15-17)

선악을 알게 하는 나무에 대해 궁금한 점들이 잘 해결되지 않는다고 해서 더 이상 그 문제를 해결하려는 시도를 포기하고 그냥 믿음으로 받아들이면 되지 않을까? 라는 생각은 성경에 대한 매우 잘못된 행위입니다.

선악과 사건은 인간들이 실제로 일으킨 명백한 역사적 사실이기 때문에 더더욱 우리에게 상세히 알려져야 하며, 또한 하나님께서는 언제나 개인과 사회와 국가들의 잘못을 회개시키기 위해 그 죄들을 숨기지 않고 낱낱이 드러내시기 때문입니다. 선악과를 범한 인간의 죄악은 그 어느 것 하나 부족하거나 대충 넘어가서는 절대로 안 됩니다. 그것은 죄의 본질을 올바로 깨달아 참된 회개의 길로 나아가기를 원하시는 하나님의 뜻을 거스르는 것이기 때문입니다. 선악과나무를 세우신 하나님의 올바른 뜻을 깨달을 때에, 우리는 지난날 우리 조상이 범한 죄가 얼마나 큰 죄였는가를 뼈저리게 느낄 수 있을 것입니다.

그러므로 선악을 알게 하는 나무의 진정한 의미와 그 나무를 인간에게 주실 수밖에 없으셨던 하나님의 깊은 뜻을 제대로 깨닫기 위해서 우리는 아래와 같은 여러 의문점들에 대해 반드시 성경적인 해답을 찾아내야만 합니다. 선악과나무에 대해 그 어떠한 질문이 던져지더라도 명백한 성경적인 대답을 할 수 있어야만 하나님의 온전하신 뜻과 계획을 알게 되었다고 자신 있게 말할 수 있을 것입니다.

1. 왜 그토록 위험한 나무를 인간에게 주셨을까요?

선악과에 대해 가장 먼저 던지게 되는 질문은, 왜 하나님께서 그토록 위험한 나무를 인간들에게 주셨는가? 라는 문제입니다. 선악과는 인간이 먹을 경우에 반드시 죽게 되는(비록 육체의 즉각적인 죽음은 아니었지만) 너무나도 위험한 나무의 열매가 분명했습니다. 그렇다면 하나님께서는 그의 사랑하시는 사람들이 살고 있는 아름다운 에덴동산에 그토록 위험한 나무를 멀리 치워버려야만 하지 않았을까요? 부모의 심정으로 생각해 봐도 전혀 이해가 되지 않는 것이, 부모들은 자녀들의 안전을 위협하는 물건들은 보이는 즉시 치워 버리는 것이 상식이기 때문입니다.

그런데 어찌하여 하나님은 이와는 정반대로, 그토록 위험한 죽음의 나무를 그분의 사랑하시는 인간들이 살고 있는 그 동산에 세워 두셨을까요? 도대체 왜 그러셨을까요? 선악과만 없었더라면 인류는 범죄 하지 않

않을 것이고 이 땅에 죽음과 고통과 전쟁과 기근과 질병과 이별도 그리고 슬픔도 없었을 것이며, 또한 죄 없는 하나님의 독생자 예수 그리스도의 십자가 사건도 없었을 것이기 때문입니다. 이처럼 이 문제는 너무나 오랫동안 많은 사람들에게 항상 의문시 되어왔지만, 명확한 대답은 내려지지 않았습니다. 그렇기 때문에 이제 우리는 선악과를 세우실 수밖에 없었던 하나님의 깊은 뜻을 바로 깨닫기 위해서 반드시 이 문제를 성경적으로 풀어야만 할 것입니다. 이 문제를 풀지 못한다면, 선악과나무에 대한 하나님의 뜻과 계획을 잘 알고 있다고 결코 자신 있게 대답하지는 못할 것입니다.

2. 왜 하필이면 눈에 가장 잘 띄는 동산 중앙에 두셨을까요?

선악과나무에 대한 두 번째 의문은 왜 그토록 위험한 나무를 동산의 중앙에 두셨는가? 라는 점입니다. 특별한 이유로 인해 위험한 물건을 어쩔 수 없이 집 안에 두어야 할 경우가 있다 하더라도 보통은 잘 보이지 않거나 잘 찾을 수 없는 곳을 선택하여 보관하는 것이 상식입니다. 특히 분별력이 부족한 어린 아이들이 있는 집안의 경우에 부모들은 더더욱 아이들의 손이 전혀 닿지 않는 높은 곳이나 또는 자물쇠 있는 창고 같은 곳에 두어서 안전사고가 일어나지 않도록 보호해야 할 것입니다.

그런데 하나님은 죽음의 열매를 가진 선악과나무를 동산 그 어디에서 보아도 잘 보이고 또 잘 찾을 수 있는 동산의 중앙, 즉 한 가운데에다 두셨다는 사실입니다(창 2:9). 너무나도 그 결과가 자명한 위험한 일임을 분명 예상하셨을 터인데도, 하나님은 왜 이러한 위험을 무릅쓰고서라도 동산의 중앙에 선악과나무를 두셨을까요? 마치 인류의 타락이라는 비싼 대가를 각오라도 하신 분같이 느껴지는 것을 어떻게 이해해야 할까요?

왜 하나님은 그 나무를 동산의 모퉁이나 잘 찾을 수 없는 곳에 두셔서 사람들로 하여금 그 나무에 대한 접근을 피하도록 막지 않으셨을까요?

3. 왜 생명나무와 선악과나무는 같은 장소에 있었을까요?

또한 우리는 선악과나무가 놓여 있는 위치에 대하여 한 가지 문제를 더 살펴보아야 합니다. 그것은 선악과나무와 생명나무가 서로 같은 장소에 나란히 놓여 있다는 사실입니다. 생명을 풍성하게 해 주는 생명나무 바로 옆에 죽음을 초래할 수 있는 위험한 나무를 왜 두셨을까요? 서로 전혀 어울리지 않는 극과 극의 상반되는 나무들을 왜 같은 장소에 세워두셨을까요? 생명나무의 열매를 따 먹으러 왔다가 잘못해서 선악과를 따 먹을 수도 있는 위험이 있을 수 있지 않을까요? 그러나 하나님은 그 두 나무를 동산 중앙이라는 동일한 장소에 함께 두셨습니다. 당장 우리에게는 이 문제가 어렵게만 느껴지지만 분명히 이 모든 일들은 하나님의 놀라우신 뜻과 계획 속에서 이루어졌을 것입니다.

4. 왜 선악과는 아름답게 만들어졌을까요?

선악과에 대한 네 번째 의문은, 그 열매가 인간이 보기에 무척 아름다웠다는 사실입니다. 성경을 살펴 볼 때, 선악과의 나무와 그 열매는 인간의 접근을 막을 만한 외형적인 혐오감을 전혀 가지고 있지 않았습니다. 오히려 그 나무와 열매는 사람의 관심을 끌기에 충분할 만큼 아름다웠고 먹음직하였다고 기록하고 있다는 사실입니다. 왜냐하면 선악과나무 역시 에덴동산의 모든 나무들이 아름답고 먹음직스럽게 창조되었음을 설명하는 창세기 2장 9절에 포함되기 때문입니다.

"여호와 하나님이 그 땅에서 보기에 아름답고 먹기에 좋은 나무가 나게 하시니 동산 가운데에는 생명나무와 선악을 알게 하는 나무도 있더라"(창 2:9)

만약 하나님께서 선악과나무와 그 열매의 모습을 사람들이 접근하기 싫어하는 괴상한 모양으로 만드셨다면 아담과 하와가 열매를 따 먹고자 하는 시도를 막는데 큰 도움이 되지는 않았을까요? 보통 독이나 위험한 물질이 들어 있는 용기에는 해골그림이나 인간의 뼈로 'X'자 모양을 그려 넣거나 '위험'이라는 글을 써 놓습니다. 또한 쥐약의 포장지에는 쥐들이 그것을 먹고 죽어 있는 끔찍한 그림도 인쇄되어 있어 결코 인간이 그것을 먹어서는 안 된다는 것을 잘 가르쳐 줍니다. 이와 같이 선악과나무와 그 열매가 이러한 끔찍하고 혐오스런 모양으로 만들어졌다면 인간의 접근을 막는 데 더욱 효과적이지 않았을까요?

우리가 지금 이러한 질문들을 던지는 것은 너무나 중요합니다. 왜냐하면 하나님은 언제나 우리들이 하나님의 말씀을 올바르고 명확하게 깨닫기를 원하시기 때문입니다.

먼저 한 가지 확실하게 해 둘 것은, 일반 대중들에게 선악과가 '사과(apple)'로 알려져 있다는 문제인데, 이는 전혀 성경에서 발견할 수 없는 내용이라는 것입니다. 에드워드 영은 "선악과가 사과라고 하는 전통은 오해에서 나온 것이다. '사과'를 의미하는 라틴어 단어(malum)는 '악'을 의미하는 라틴어 단어(malum)와 유사해서 누군가 어디에서 그 단어를 잘못 번역하여 그것을 '사과'를 의미하는 것으로 생각하게 되어 결국 그런 사상이 들어왔다. 그러나 히브리어에는 그것을 지지해 주는 근거가 전혀 없다."[1]라고 분명히 알려 줍니다.

---

1) E. J. Young, 『창세기 1,2,3장 강의』 (한국로고스연구원, 1998), p.117

5. 왜 나무의 이름과 열매의 이름이 서로 다를까요?

나무의 이름들은 대부분 그 열매의 이름으로 결정됩니다. 즉 사과가 열리는 나무는 사과나무이며 배가 열리는 나무는 배나무입니다. 또한 생명의 열매를 맺는 나무의 이름은 생명나무입니다. 그렇다면, 열매를 먹으면 반드시 죽게 되는 '죽음의 열매'를 가진 나무의 이름은 '죽음 나무'가 되어야 마땅할 것입니다. 그런데 하나님은 그 나무의 이름을 '죽음 나무'라 하지 않고 '선악을 알게 하는 나무'라고 부르셨습니다. 분명히 그 나무의 성격과 그 열매의 성격이 각각 다르게 나타나고 있는 것입니다. 왜 하나님은 나무의 이름과 그 열매의 이름을 각각 다르게 부르셨을까요?

또한 선악과나무의 대표적인 특징 중에 하나는 그의 역할이 한 가지가 아니라 두 가지라는 사실입니다. 즉 선악과나무는 선에 대한 임무와 악에 대한 임무라는 두 가지의 임무를 가지고 있었다는 사실입니다. 왜 이 나무는 이처럼 다른 나무들과는 다른 여러 가지의 특징들을 가진 나무가 되었을까요?

6. 왜 하나님은 선악과 열매로 인한 사망의 이유를 성경에 기록하지 않으셨을까요?

하나님께서는 아담에게 선악과 열매를 따 먹으면 반드시 죽는다고 말씀하셨습니다.(창 2:17) 그러나 정작 왜 죽게 되는지 그 이유를 구체적으로 설명하시지는 않으셨습니다. 사람이 물속에 빠지면 숨을 쉬지 못해 산소부족으로 죽게 된다는 분명한 이유가 있습니다. 또한 사람이 나아가 많아지면 신체 기관이 더 이상 제 역할을 하지 못해서 기능이 멈추어 버리므로 결국 죽음에 이르게 된다는 사실도 잘 알고 있습니다. 교통사고를 당하면 그 엄청난 충격으로 인해 신체가 손상을 입어 심한 경우에는 사망에도 이르게 된다는 것도 잘 알고 있습니다. 그렇다면 선악과 열매를 먹으면 반드시 죽을 것이라는 하나님의 명령 속에도 이와 같이 우리가 납득할 만한 구체적인 설명이 있어야 하지 않을까요?

분명한 독이지만 특정한 자에게 약이 될 수 있는 것이 있다면, 그 물질이 누구에게는 해롭고 누구에게는 이로운지에 대해, 어떤 경우에 먹어도 되지만 어떤 경우에는 절대로 먹어서는 안 되는지에 대해 구체적인 설명이 반드시 있어야만 할 것입니다. 또한 독사나 맹독성 해충이 자주 출몰하는 곳에는 언제나 위험을 알리는 경고문이 있어야 마땅할 것입니다. 물놀이를 하다 자주 사고가 난 곳이라면 수심이 깊거나 급류가 있어 위험하다는 분명한 설명이 적힌 경고문이 반드시 있어야 할 것입니다. 그리고 교통사고가 자주 일어나는 지역에서는 왜 사고가 빈번히 일어나는지에 대한 설명이 있는 경고문 역시 꼭 필요할 것입니다.

그렇다면 에덴동산의 중앙에 놓여 있던 선악과나무에도 왜 그 나무가 위험한지에 대해서 구체적인 설명이 성경에 기록되어 있어야 하지 않을까요? 그러나 성경은 "반드시 죽으리라"는 경고 문구만 있을 뿐 왜 위험한지에 대한 구체적인 내용은 전혀 소개되고 있지 않습니다. 왜 하나님은 그 내용을 직접 상세히 설명하지 않으셨을까요? 만약 아담과 하와에게 선악과 열매를 왜 먹어서는 안 되는지에 대한 직접적인 설명이 있었더라면 그들이 그토록 쉽게 범죄 하지는 않았을 것이라는 의문이 계속 남아 있기 때문입니다.

7. 무엇이 선이고 무엇이 악일까요?

생명나무의 기능과 역할을 이해하는 데는 별로 어려움이 없어 보입니다. 그러나 선과 악을 알게 하는 나무의 올바른 의미는 그렇게 쉽게 찾아지지 않는 것 같습니다. 왜냐하면 성경은 선악과나무의 '선'과 '악'에 대한 구체적인 설명을 생략하고 있기 때문입니다. 만약 하나님께서 무엇이 선이고 무엇이 악인지에 대하여 구체적인 설명을 성경에 기록해 주셨더라면 아담과 하와가 사탄의 유혹을 뿌리치는데 도움이 되었을 수도 있지 않을까요? 그러나 하나님은 선과 악에 대한 구체적인 설명을 생략하신 채, 다만 '반드시 죽으리라'는 말씀만 강조하셨습니다. 왜 그렇게 말씀하셨을까요? 물론 하나님께서 그렇게 하신 데는 다 이유가 있을 것입니다. 조금만 숙고한다면, 구체적인 설명이 누락된 데에도 하나님의 깊은 뜻과 계획이 있음을 알게 될 것입니다. 하나님은 성경을 읽는 독자들 스스로가 이러한 의문을 가지게 되면 선악을 알게 하는 나무의 본질에 대하여 더 깊은 관심과 연구를 행할 것이라고 예상하셨기 때문일 것입니다. 하나님의 의도가 우리의 인간적인 걱정보다 더 크고 위대하다는 것은 부인할 수 없는 사실일 것입니다. 그러므로 이제 무엇이 선인지, 무엇이 악인지를 밝히는 것은 우리에게 남겨진 숙제가 분명합니다. 그래서 우리는 반드시 이 문제를 풀어야만 할 것입니다. 선과 악에 대한 올바른 이해도 하지 못한 채 선악과 사건을 믿는다는 우리들의 고백을 하나님은 기뻐하지 않으실 것이 분명하기 때문입니다.

무엇보다 신적인 차원을 먼저 고려해야 합니다. 밀라드. J. 에릭슨은 "우리는 지금 우리를 기쁘게 하는 것은 무엇이나 선과 동일시하고, 개인적으로 불쾌하고, 불편하며 혹은 방해가 되는 것은 악과 동일시하는 경향이 있다. 그러나 성경은 사물을 얼마간 다른 방식으로 보는 것처럼 생각된다.…첫째로, 우리는 신적인 차원을 고려해야 한다. 선은 인간에게 직접적인 방식으로 개인적인 즐거움을 가져오는 것에 의하여 규정되어서는 안 된다는 것이다. 선은 하나님의 의지와 존재와의 관계 속에서 규정되어야 한다. 선은 그를 영화롭게 하고, 그의 뜻을 성취하며, 그의 본성에 일치되는 것이다.…신적인 차원을 고려하는 데에 우리는 또한 하나님의 탁월한 지식과 지혜를 주목해야 한다."[2]라고 했습니다. 그러므로 하나님의 입장에서 '선'과 '악'에 대한 구체적인 내용을 발견해야 합니다. 하나님께서 타락 이전의 인간들에게 교훈하시기 원하셨던 그 사실을 찾아야 한다는 것입니다.

또한 우리는 사탄과 관련하여 '선과 악'의 개념을 이해해야 합니다. 특히 선악과나무를 통해 인간을 타락시키고자 했던 사탄과 관련하여 더욱 자세히 연구하여야 합니다. 왜냐하면 사탄은 "선악을 아는 일에 우리 중 하나 같이 되었으니"(창 3:22)라고 언급되고 있기 때문입니다. 또한, 앞으로 집중적으로 설명하겠지만, 사탄 때문에 선악과나무를 만드셨기 때문입니다. 사탄은 창조주 하나님을 배반하고 자신이 하나님이 되려고 했던 일로 인해 정죄 받은 자이며, 그런 사탄을 향하여 하나님은 '선악을 알게 된 자'라고 분명히 말씀하시고 있기 때문입니다. 그러므로 선악의 올바른 성경적인 개념은 사탄의 타락과 떨어져서 생각할 수 없는 것입니다. 이제 이 두 가지 중요한 전제를 기반으로 하여 다음과 같은 좀 더 구체적인 방법을 사용해야 합니다.

타락 이전과 이후, 무엇이 다를까요?

선악과의 선악의 개념을 올바로 깨닫기 위해 명심해야 할 첫 번째 중요한 사실은, 그것이 인류의 타락을 막기 위한 특별한 목적으로만 사용되었다는 것입니다. 하나님께서는 최초의 인간들에게 오직 '선악과 금지 명령'만 내리신 것은 아니었습니다. "생육하고 번성하며 땅을 다스리라"는 명령 또한 주셨습니다(창 1:28). 그러나 생육과 번성, 그리고 땅을 다

---

2) 『복음주의 조직신학』 (크리스천 다이제스트,1997) p.483-484.

스리는 일을 소홀히 했다고 해서 '사형'을 언도하겠다는 말씀은 하시지 않았습니다. 물론 사람들이 이러한 명령들을 어기는 것 역시 옳은 모습은 아닙니다. 즉 하나님 앞에 선이 아닌 악을 행한 것입니다. 그렇다고 해서 그 사람들이 죽음을 맞이하는 것은 아니었습니다. 그러나 선악과나무의 열매를 범할 경우에는 그 결과가 전혀 달랐습니다. 그 때에는 오직 죽음만이 기다리고 있을 뿐입니다. 이것은 무엇을 의미합니까? 선악과 명령에 사용된 '선'과 '악'이 다른 명령들에 사용된 '선'과 '악'과는 서로 다른 성격을 가진 특별한 내용이었다는 사실을 분명하게 보여 준다는 것입니다. 소위 '특별법'이라고 할 수 있는 것입니다.

헌법은 형법, 사법, 민법 등 여러 법들의 기준이요 해석의 근본이 됩니다. 그리고 이러한 여러 법들은 한 국가와 사회의 질서를 유지하고 정의를 실현하는 목적으로 사용됩니다. 보편적이요 일반적으로 적용되는 사항인 것입니다. 그러나 법의 종류에는 특별법이라는 것이 존재합니다. 이것은 특정한 지역, 사람, 사물, 사항에 국한하여 적용하는 법을 말합니다. 선악과 금지 명령이 바로 여기에 해당된다고 볼 수 있습니다. 왜 그럴까요? 그것은 선악과 명령이 다른 법들과는 차별되는, 동산의 중앙이라는 특정한 지역적인 특성을 가지고 있으며, 아담과 하와라는 특정한 사람에게 지시되었고, 선악과나무라는 특정한 사물에 적용되었으며, 그리고 그것을 따 먹을 경우라는 특수한 사항에 국한된 법이었기 때문입니다.

각 나라에는 청소년에 대한 특별법이 있습니다. 이는 청소년들을 그 사회에서 성인이 될 때까지 잘 지켜 보호하기 위해 마련된 특별한 법입니다. 그들에게는 술과 담배의 판매가 허용되지 않습니다. 왜냐하면 청소년들은 술과 담배의 해로움으로부터 특별히 보호받아야 할 처지에 있기 때문입니다. 그러므로 만약 그들에게 술과 담배를 판매하는 업자가 있어 검거된다면, 가중 처벌을 받게 됩니다. 특별법이기에 그 처벌 또한 결코 가볍지 않은 것입니다. 마찬가지로, 아담과 하와에게 내려진 선악과 명령은 특별법적인 방식으로 적용되어야 마땅합니다. 그리고 그 처벌 역시 가중 처벌 되어야 하는 것입니다. 단순히 하나님의 여러 명령가운데 한 가지만 어긴 것이라든지, 그리고 단순한 불순종 치고는 그 대가가 너무나 큰 것은 아닌가라는 생각들은 모두 이 법의 특별법적인 특성을 모르고 있을 때에 발생할 수 있는 오해들입니다.

그러므로 선악과를 범한 아담과 하와의 범죄 행위를 일반법적인 시각에서 적용해서 이해해서는 안 됩니다. 단순히 하나님의 말씀에 불순종했다는 죄목만 부과되어서는 안 된다는 것입니다.

선악과의 선악의 개념 이해를 위한 두 번째 중요한 사실은, 인류의 타락 이전에 하나님이 인간에게 원하시는 '선과 악'은 타락 이후인 오늘날의 우리가 이해하고 있는 선과 악에 대한 보편적인 개념과는 동일하지 않다는 것입니다. 즉 타락 이전시대의 '선과 악'은 그 당시의 시대적, 역사적, 사회적, 영적인 배경 하에서 해석되어야 하는 특수한 개념으로 해석되어야 한다는 것입니다. 만약 이것이 무시된 채 성경을 해석해 나가면 선악과의 문제는 절대로 풀리지 않게 됩니다.

먼저, '미'의 기준은 시대를 거치면서 완전히 달라져 왔습니다. 중세시대에는 뚱뚱한 여인이 미인이었지만, 그러나 오늘날에는 날씬한 여인이 미인이라는 소리를 듣습니다. 미인이라는 개념의 기준이 시대에 따라 변화되었기 때문입니다. 마찬가지로 타락 이전 시대의 '선'과 '악'은 오늘날의 '선'과 '악'이 나타내고자 하는 기준과는 서로 같지 않다는 것을 염두에 두고 해석되어야만 합니다. 중세시대의 미의 기준으로 오늘날의 여인들을 평가한다면 이는 분명히 시대적인 착오를 범하는 것이듯이 오늘날의 우리들이 보편적으로 이해하고 있는 '옳고 그름'이라는 기준으로 타락 이전에 하나님이 인간에게 원하신 '선'과 '악'의 모든 기준을 삼는 것은 옳지 않다는 것입니다. '선'과 '악'의 구체적인 적용은 시대와 장소, 나라와 그 문화에 따라 서로 달라질 수 있기 때문입니다.

구약시대와 신약시대는 여러 가지 동일한 요소를 가지고 있습니다. 그러나 그 둘 사이에는 명확한 차이점도 존재합니다. 바로 예수 그리스도의 구속사역으로 인한 영적인 변화일 것입니다. 이제 우리는 더 이상 제사장의 복장을 입거나 소나 양을 잡아 죽이지 않아도 됩니다. 하나님은 각 시대에 적합한 규칙들과 법을 제정하셨고 백성들로 하여금 그 명령들을 지키도록 하셨습니다. 이제 우리는 대제사장이시며 제물로 돌아가신 하나님의 어린양 예수 그리스도를 믿음으로 말미암아 구약의 제사법과 동일한 명령을 지키고 있습니다. 시대가 다르기에 그 형식 또한 다른 것입니다. 구약의 제사법은 그 시대만의 특수한 기능과 목적을 가지고 제정된 것이므로 이를 신약시대에도 그대로 지키겠다고 하는 주장은 시대착오적인 행동입니다. 제사법의 근본정신은 변함이 없겠지만, 그러나 형식과 모양은 시대에 따라 달랐던 것입니다. 마찬가지로, 타락 이전 시대와 이후 시대의 영적인 환경은 너무나도 달랐습니다. 타락으로 인해 인간과 자연의 모든 질서와 법들이 변화되었습니다. 물론 '선과 악'이라는, 하나님에 대한 사랑, 순종, 그리고 옳고 그름이라는 보편적인 개념은 시대가 달라져도 동일하겠지만, '선악을 알게 하는 나무'에 적용된 선과 악의 개념과, 우리가 통상적으로 사용하는 '선'과 '악'의 개념은 서로 다르다는 사실입니다.

또한, 타락 이전에는 아담과 하와가 서로 벌거벗었으나 부끄러워하지 않았습니다. 그러나 범죄 한 이후에는 서로가 벗은 것을 깨닫고 급히 나뭇잎으로 몸을 가렸습니다. 이 사실은 성에 대한 개념이 타락 이전과 이후에 서로 완전히 달라졌다는 것을 잘 보여 줍니다. 성경은 타락 이전과 이후에 변화된 성 관념을 보여 주는 한 사건을 통해 우리에게 시대적, 영적인 변화에 민감하도록 유도하고 있습니다.

에드워드 영(E.J.Young)은 "아담은 범죄함으로 죄인이 되었으나 우리는 이미 죄인이다. 아담은 자기 자신의 행동으로 말미암아 타락했으나 우리는 이미 타락한 상태에 있는 것이다. 이러므로 아담의 경우와 우리 자신의 경우와는 심원한 차이가 있다."3)라고 했습니다. 마찬가지로 선악과의 선과 악에 대한 개념 역시 타락 이전의 시대에 하나님이 주신 개념이므로 오늘날과 동일하게 해석 및 적용되어서는 안 됩니다. 에덴동산이라는 지리적인 배경과 타락 이전이라는 시대적인 배경, 첫 사람이자 인류의 대표자인 아담이 살던 시대라는 특수한 역사적인 배경 하에서 해석되어야만 합니다.

결국 선악과 사건에 나타나는 '선'과 '악'은 타락 이전이라는 특수한 시대적, 영적인 배경 하에서 하나님이 인간에게 원하신 특별한 개념이었다는 것을 명심해야 합니다. 옳고 그름이라는 보편적인 의미도 가지고 있되, 그 시대만의 특별한 의미를 먼저 발견해야 한다는 사실입니다. 그러므로 우리가 이 글을 통해 살펴보고자 하는 것은 타락 이전의 성경 기록에 나타난 '선'과 '악'의 개념을 명확히 하여, 그 말이 타락 이전의 인간들에게 어떠한 의미로 사용되었는가라는 것과 하나님은 타락 이전의 인간들에게 어떤 선과 악을 원하셨는가라는 그 시대만의 특별한 의미를 찾아내고자 하는 것입니다. 이 일을 위해서는 반드시 하나님의 입장에서 제시되는 신적인 차원이 고려되어야 하며, 선악을 아는 일에 먼저 범죄한 사탄과의 관계에서도 설명이 가능한 주장이어야 할 것입니다.

---

3) E. J. Young, 『창세기 1,2,3장 강의』(한국 로고스연구원, 1998), p.96

8. 선악을 안다는 것은 무엇을 의미할까요?

선악과나무에 대한 올바른 이해를 위해 우리는 '선과 악'에 대한 올바른 정의를 내리는 데서 한걸음 더 나아가, 선과 악을 '아는 것'(the knowledge of good and evil)에 대해서도 그 성경적인 의미를 밝혀내어야 합니다. 창세기에서 '선악을 아는'이라는 표현은 총 4번 사용되고 있습니다. 첫 번째는 창세기 2장 9절에, "동산 가운데에는 생명나무와 선악을 알게 하는 나무도 있더라"에서 먼저 사용되었습니다. 두 번째는 창세기 2장 17절에 "선악을 알게 하는 나무의 열매는 먹지 말라 네가 먹는 날에는 반드시 죽으리라 하시니라"는 하나님의 말씀에서 나타납니다. 그리고 세 번째는 창세기 3장 5절에 사탄이 하와에게 말한 내용 가운데 사용되었는데, "너희가 그것을 먹는 날에는 너희 눈이 밝아져 하나님과 같이 되어 선악을 알 줄 하나님이 아심이니라"라는 구절이며, 네 번째는 아담과 하와가 죄를 범한 후에 하나님께서 하신 말씀으로 창세기 3장 22절에 "여호와 하나님이 이르시되 보라 이 사람이 선악을 아는 일에 우리 중 하나 같이 되었으니…"라는 구절입니다. 창세기에 사용된 이 표현들을 자세히 살펴볼 때, 선악을 안다는 것은 과연 무엇을 뜻하는 것일까요? 지식적으로 아는 것일까요? 깨달음일까요? 경험하는 것일까요? 아니면 다른 그 무엇일까요?

9. 선악을 알게 하는 나무는 도대체 무엇을 위한 나무일까요?

그 동안 많은 사람들이 선악과나무에 대하여 나름대로의 정의를 내려 왔습니다. 버디(Budde)는 "옳은 것과 그른 것의 차이를 아는 도덕적인 분별력을 의미한다."라고 했습니다. 와인 펠드는 이를 "성(性)적인 지식을 알게 하는 나무"라고까지 이야기하기도 했습니다. 웬함(Wenham)은 선악과나무를 하나님의 법궤 내부에 두었던 십계명이 기록된 두 돌판의 기능을 하는 나무로 이해했습니다. 왜냐하면 법궤를 보거나 만지면 누구든지 죽음을 맞이했기 때문이라는 것입니다.[4] 에드워드 영(E. J. Young)은 이 나무를 인간의 순종과 불순종을 확인하기 위해 세우신 나무라고 주장하였습니다. 즉 인간이 선악과를 먹는다는 것은 하나님을 향한 불순종을 나타내는 의식적인 행동이 된다는 것입니다. 또한 그는 하나님께서 인간이 자신을 사랑하는지의 여부를 시험하시기 위해 이 나무를 내 놓으셨다고 주장합니다. 인간이 하나님을 사랑한다면, 그는 이 나무의 열매을 따 먹는 것을 삼갈 것이나, 하나님을 사랑하지 않는다면 하나님에게 불순종할 것이라는 주장입니다.

와인 펠드를 제외하고는, 나름대로 다 의미 있는 내용입니다. 그러나 선악과나무를 올바르게 정의하기 위해서는 철저히 성경 본문 중심적으로 해석해야 할 것입니다. 그러면 이 문제에 대한 해석의 원리는 무엇일까요? 우리는 성경이 제시하고 있는 나무의 이름에 나타난 특성을 살피는 일부터 해야 할 것입니다. 그 특성은 한 나무에 두 가지의 기능이 존재한다는 것인데 바로 '선'과 '악'을 인간에게 알리는 기능입니다. 그러므로 우리는 '선'과 '악'에 대한 분명한 정의로부터 시작해서 그것을 인간에게 알리는 역할을 성경 속에서 밝혀낼 때, 이 나무의 정확한 실체를 알 수 있을 것입니다. 선과 악에 대한 명확한 해석은 이 나무의 본질을 알려주는 근본 원리가 될 것이 분명합니다. 그러면 하나님께서 이 나무를 통하여 인간들에게 그토록 간절히 가르치고 싶어 하셨던 영적인 교훈은 과연 무엇이었을까요?

---

4) 고든 웬함(Gordon Wenham), 『WBC 창세기 주석』, p.178.

10. 선악을 알게 하는 나무의 열매는 무엇을 상징하는 것일까요?

오랫동안 많은 사람들은 선악과나무의 열매가 궁극적으로 무엇을 상징하는지에 대해 알고 싶어 했습니다. 그리하여 혹자는 하나님의 말씀, 즉 율법을 상징하는 열매라고 했습니다. 하나님의 말씀을 준행하며 살도록 창조된 인간인지라, 그 말씀을 어겨 문제가 발생했기 때문에 많은 사람들이 가장 좋아하는 해석입니다. 금지된 열매를 따 먹은 행위를 하나님의 율법을 불순종하겠다는 의지의 표현으로 보는 것입니다. 그러나 이것은 하나님의 율법을 늘 우리가 먹어야 할 대상으로 기록하신 성경의 표현방법과 모순이 됩니다.

"너를 낮추시며 너를 주리게 하시며 또 너도 알지 못하며 네 조상들도 알지 못하던 만나를 네게 먹이신 것은 사람이 떡으로만 사는 것이 아니요 여호와의 입에서 나오는 모든 말씀으로 사는 줄을 네가 알게 하려 하심이니라"(신 8:3)

"예수께서 대답하여 이르시되 기록되었으되 사람이 떡으로만 살 것이 아니요 하나님의 입으로부터 나오는 모든 말씀으로 살 것이라 하였느니라 하시니"(마 4:4)

또한 어떤 이는 하나님의 언약궤를 만짐으로 죽임을 당한 웃사의 경우(삼하 6:7)와, 법궤 안을 들여다보다가 (오만) 칠십 명이나 죽임을 당했던 벧세메스 사람들의 기록(삼상 6:19)을 예로 들면서 그 열매가 하나님의 언약궤를 상징한다고 주장합니다. 선악과 열매 역시 그것을 범하는 자는 누구든지 죽임을 면할 수 없었기에 이런 주장이 나오게 된 것 같습니다. 둘 다 신성불가침의 하나님의 영역이라는 면에서는 동일합니다.

그리고 그 영역에 인간이 나쁜 의도나 무지를 지니고 들어오는 경우에 사망이라는 해를 당하는 것 역시 같습니다. 그러나 언약궤는 죄 있는 인간들을 위해 주어진 것이었지만, 선악과 열매는 죄 없는 인간들에게 주어졌던 대상이었다는 차이점을 명심해야 합니다. 또한 언약궤는 죄 있는 인간이 죄의 문제를 해결 받지 못한 상태에서 거룩한 하나님의 영역에 들어올 경우에 죽임을 당했던 것이지만, 선악과 열매는 아담과 하와가 죄 없는 상태에서 만졌음에도 죽임을 당했다는 것입니다. 그리고 언약궤는 인간의 죄를 용서해 주기 위한 장소인 성소에 보관되어져 있었지만, 선악과는 인간의 죄를 용서해 주는 기능과는 전혀 무관한 장소에 있었다는 점도 이 둘 사이의 상이성을 증명해 줍니다. 서로 다른 시대에 전혀 다른 목적과 기능을 가진 대상들을 그 결과가 비슷하다는 이유만으로 동일시해서는 안 될 것입니다.

결국 우리가 따라야 할 가장 성경적인 해석방법은 그 열매의 이름에서 실마리를 찾아야 한다는 것입니다. 그 열매의 이름이 '선과 악을 알게 하는 나무의 열매'이기 때문에, 우리는 무엇이 '선'이고 무엇이 '악'인지, 그리고 그 선악을 '안다는 것'은 무엇을 의미하는지를 먼저 발견해야 합니다. 열매의 특성에 대한 연구와 해석이 빠진 결론이라면, 결코 성경적인 해석이 될 수 없으며 교회 안에서 가르쳐지거나 받아들여져서도 안 될 것입니다. 성경이 제시하는 해석방법을 따르지 않는 이론은 결코 신적 권위를 얻지 못한 것이기 때문입니다.

11. 왜 하나님은 인간의 타락을 직접 막지 않으셨을까요?

인류의 원죄에 대하여 사람들이 가지고 있는 가장 큰 의문 중의 하나는, 왜 하나님이 인간의 타락을 미리 아셨음에도 불구하고 그것을 미리 막지 않으시고 결국 허용하셨는가? 라는 문제일 것입니다. 이 의문은 어거스틴에게도 큰 숙제로 다가왔습니다. 자유의지론을 쓴 어거스틴의 풀리지 않는 고민 중의 하나는, 그의 피조물들이 악을 행할 것이라는 사실을 미리 아신 하나님께서 왜 그것을 직접 막지 않으셨는가에 있었습니다. 이 고민은 지금 우리에게도 동일하게 존재하고 있습니다. 하나님이 조금만 개입하셨어도 하와가 죄짓는 것을 피하게 할 수 있었지 않았겠는가라는 생각이 계속해서 맴돌기 때문입니다. 어떤 부모도 자녀의 위험을 미리 알면서도 그 위험을 피해가기 위해 아무런 조치를 취하지 않는 경우는 없을 것입니다. 그러나 선악과 사건에 있어 하나님은 아담과 하와에게 아무런 간섭도 하지 않으신 것처럼 보이는 것은 왜일까요? 과연 이 문제를 어떻게 풀어야 할까요?

대부분의 사람들은 이 문제 역시 인간의 자율을 강조하는 자유의지론으로 해결하려고 합니다. 그러나 하나님께서 인간의 자율에 모든 운명을 맡겨 놓았다는 주장은 결코 성경적이지 못합니다. 왜냐하면 하나님은 수많은 경우에, 위험에 처한 그의 백성들을 보호하기 위해 사건이 발생하기 전에 미리 주의 천사를 보내어 그의 사랑하시는 백성들을 지켜 보호해 주셨기 때문입니다. 야곱에게 해를 끼치려 했던 삼촌 라반에게 밤에 현몽하사 직접 야곱을 변호해 주셨고(창 31:24), 동생을 죽이려는 에서의 돌발행동을 대처하기 위해 야곱의 무리에 앞서 하나님의 군대를 미리 보내신 하나님이셨기 때문입니다(창 32:2).

"그는 너희보다 먼저 그 길을 가시며 장막 칠 곳을 찾으시고 밤에는 불로, 낮에는 구름으로 너희가 갈 길을 지시하신 자이시니라"(신 1:33)

"여호와 그가 네 앞에서 가시며 너와 함께 하사 너를 떠나

지 아니하시며 버리지 아니하시리니 너는 두려워하지 말라 놀
라지 말라"(신 31:8)

또한 선악과 문제는 인간만의 문제가 아니기 때문입니다. 이 일로 인
해 하나님은 자신의 독생자 예수 그리스도를 죽여야만 했기 때문입니다.
하나님 자신의 생명마저 내려놓아야만 하는, 역사상 가장 위험하고 절박
한 순간에 어찌 하나님께서 인간의 자율에만 모든 일을 맡겨 두신단 말
입니까? 예수님의 생명이 달려 있는 문제에, 천국과 지옥이 교차하는 순
간에 어찌 모든 일을 사람에게만 맡겨 두신단 말입니까?
어떠한 경우에서도 결코 잊지 말아야 할 중요한 사실은, 우리들의 이
러한 의문에도 불구하고 하나님의 모든 결정은 지극히 선하시며, 우리의
모든 염려보다 더욱더 우리를 위해 주신다는 사실입니다. 그러므로 우리
는 성경의 문맥을 통하여 보이지 않는 부분을 볼 줄 아는 능력을 키워야
합니다. 하나님은 종종 문맥을 통하여 우리에게 말씀하시기 때문입니다.

12. 하나님께서 사탄을 미리 결박하지 않으신 이유는 무엇일까요?

인류의 범죄를 막을 수 있었던 결정적인 방법으로써 악한 영들의 결
박을 생각할 수도 있습니다. 즉 하나님께서 범죄 한 천사들과 그들의 우
두머리인 사탄을 미리 결박하셨다면 그가 아담과 하와를 유혹하지 않았
을 것이고 또한 인간들 역시 죄를 짓지 않았을 것이 아닌가라는 가능성
입니다. 시기적으로 분명히 사탄의 배반은 인간의 범죄보다 먼저 발생했
습니다. 그렇기에 사탄만 미리 결박되었다면 그 어떠한 비극도 일어나지
않았을 것이라 생각할 수 있습니다. 또한 사탄은 하나님을 배반한 이후
에도 계속적인 활동을 해 왔습니다. 욥기에 등장한 사탄은 욥의 의로움

을 인정하는 하나님의 결정을 반박하며 그를 극심한 고통 가운데로 몰고 가기도 했습니다(욥 1:9). 또한 그는 자신의 때가 얼마 남지 않을 줄 알고 하나님의 신실한 백성들을 죽이기 위해(계 12:12) 우는 사자처럼 삼킬 자를 찾고 있습니다(벧전 5:8). 그는 수많은 세상의 제왕들에게 영향력을 가하여 하나님의 백성들을 죽이고 복음전파를 방해하고 있습니다(계 16:16). 이처럼 사탄은 하나님을 배반한 이후에 줄 곳 하나님과 성도들의 원수로서의 악독한 행위들만 자행하고 있습니다.

그러므로 그동안 우리들은 이러한 사탄을 미리 결박하지 않으신 하나님의 결정에 대하여, 그 결박의 시기를 늦추신 일에 대하여 각종 불만을 품어왔던 것이 사실입니다. 그렇다면 하나님은 왜 이런 사탄을 배반 당시에 미리 결박하지 않으셨을까요? 왜 사탄의 결박은 예수 그리스도의 날까지 유보되어야 했을까요?

13. 죄지을 것을 미리 아셨음에도 불구하고 인간을 창조하신 이유는 무엇일까요?

모든 피조물의 존재 이유는 '하나님을 영화롭게 하기 위함'이라고 성경은 명백하게 가르치고 있습니다. 영화롭게 한다는 것은 영광을 돌린다는 뜻인데, 결국 인간은 하나님께 영광 돌려드리기 위해 창조된 것입니다.[5] 그러면 하나님께 영광을 돌려드릴 목적으로 창조되어야 할 인간이 앞으로 그렇게 살지 못할 것을 미리 아심에도 불구하고 하나님은 왜 인간 창조를 멈추지 않으셨을까요?

---

5) "모든 일을 그의 뜻의 결정대로 일하시는 이의 계획을 따라 우리가 예정을 입어 그 안에서 기업이 되었으니 이는 우리가 그리스도 안에서 전부터 바라던 그의 영광의 찬송이 되게 하려 하심이라"(엡 1:11-12)

광야에서 이스라엘 백성들에게 실망하신 하나님은 그들을 모두 죽여 버리고 모세를 통하여 다시 새로운 시작을 하고 싶다고 말씀하신 적이 있습니다(출 32:10). 인간의 더러운 죄성에 도저히 참을 수 없을 만큼 진노하시고, 인간 창조의 행위를 후회하실 만큼 하나님의 실망이 대단했기 때문입니다. 이처럼 계속해서 하나님의 마음을 아프게 할 인간들임에도 불구하고 하나님은 왜 인간을 창조하셨을까요?

인간을 향한 하나님의 처음 기대와는 완전히 어긋난 형태로 진행되어 버린 인간의 범죄는 결국 창조주의 구속이 필요하게 되었습니다. 성자 하나님이 직접 내려오셔서 뱀에게 발꿈치를 물려 돌아가실 것까지 작정하신 것입니다.(창 3:15) 하나님은 왜 자신의 목숨까지 내어 놓으시면서 인간을 창조하시고 그들을 구속하려고 하셨을까요?

위의 13가지의 의문점들을 통하여 선악과나무의 성경적인 비중과 그 중요성을 잘 알게 되었습니다. 이제 우리는 에덴동산에 그토록 위험한 죽음의 나무를 두실 수밖에 없었던 하나님의 '그 뜻'과 '그 계획'을 발견함으로써 우리의 신앙을 올바로 정립해야 할 것입니다. 이를 위하여, 우리는 하나님이 최초의 인간에게 주신 에덴동산부터 가 보아야 합니다. 범죄의 현장에 직접 가서 결정적인 단서를 발견해야만 선악과 사건이 잘 해결될 수 있기 때문입니다. 만약 우리가 성경 본문에 대해 철저한 분석을 하고 성경이 남겨 놓은 해석적인 증거들을 잘 발견한다면, 선악과 문제들은 충분히 잘 풀려질 것입니다. 그리고 선악과 사건에 개입하신 하나님에 사랑에 대한 새로운 사실도 발견하게 될 것입니다.

제3장 에덴동산

1. 에덴동산

누구나 그 이름만 들어도 한번쯤은 살아보고 싶은 곳, 아픔도, 슬픔도, 죽음도, 이별도 없이 온전히 사랑과 기쁨과 행복만이 넘쳤던 곳, 그리고 하나님께서 친히 인간과 함께 거하셨던 곳, 바로 에덴동산입니다. 상상의 세계가 아니라 하나님이 친히 창조하신 실제로 존재했던 지상낙원이었기에 많은 그리스도인들은 지금도 에덴동산을 그리워하고 있습니다. 특히 인류의 시조인 아담이 하나님께 범죄 하지만 않았어도 에덴동산은 여전히 이 땅에 존재하고 있었을 것이기에 그 아쉬움은 더더욱 커지는 것 같습니다. 이처럼 에덴동산을 향한 그리움은 오늘날도 여전히 지속되고 있는데, 심지어 불신자들 사이에서도 그 관심은 대단하여 성경적인 자료들을 기반으로 하여 많은 고고학적인 발견을 시도하기도 했습니다.

하나님의 동산, 여호와의 동산, 하나님의 낙원 등, 에덴동산은 성경 속에서 여러 가지 이름으로 불리고 있습니다. 이 모두 여호와 하나님께서 친히 동산의 주인 되심을 선포하고 있습니다. 성경은 하나님이 거니시던 곳6)이라는 수식어로 에덴의 최고의 아름다움을 설명하고 있습니다. 하나님이 임재하시는 동산이기에 그 아름다움은 말로 다 표현하지 못할 것입니다. 수많은 보석들과 순금들로 지어져 있는 천국과 같은 곳으로 소개되는 에덴은 이 땅에 실제로 존재했었던 지상 낙원이었습니다.

또한 에덴동산은 단지 아름답기만 한 곳은 아니었습니다. 그곳에는 기쁨과 즐거움과 감사함과 찬양하는 소리가 늘 충만한 곳이었습니다. "나 여호와가 시온의 모든 황폐한 곳들을 위로하여 그 사막을 에덴 같게, 그 광야를 여호와의 동산 같게 하였나니 그 가운데에 기뻐함과 즐거워함과 감사함과 창화하는 소리가 있으리라"(사 51:3) 에덴동산은 황무한 땅의 반의어로서 성경에 여러 번 사용되고 있는데, 기름지고 좋은 땅의 상징이었던 것입니다.

"사람이 이르기를 이 땅이 황폐하더니 이제는 에덴동산 같이 되었고 황량하고 적막하고 무너진 성읍들에 성벽과 주민이 있다 하리니"(겔 36:35)

"불이 그들의 앞을 사르며 불꽃이 그들의 뒤를 태우니 그들의 예전의 땅은 에덴동산 같았으나 그들의 나중의 땅은 황폐한 들 같으니 그것을 피한 자가 없도다"(욜 2:3)

이토록 아름답고 기름지며 기쁨과 감사가 넘치는 곳에 하나님께서는 첫 사람 아담을 이끌어 그 곳에 두셨습니다. 그리고 아담과 하와와 함께

---

6) "그들이 그날 바람이 불 때 **동산에 거니시는 여호와 하나님**의 소리를 듣고…"(창 3:8a)

에덴동산에 거니시면서 그들과 대화하시고 교제하셨습니다. 아무런 부족함도 없었으며 그 누구도 해하고자 하는 사람이 없는, 아픔도, 죽음도, 이별도, 고통도 없는 곳이었습니다. 하나님은 그토록 좋은 땅을 아담에게 주사 다스리며 지키게 하셨습니다. '다스리라'는 것은 'cultivate'로서 '경작하라'는 지시였고 '지키라'는 것은 'keep'로서 그것을 '유지 보존하라'는 지시였습니다. 이처럼 하나님은 그 동산을 인류의 대표자인 아담에게 주시며 잘 관리하도록 하셨던 것입니다.

"여호와 하나님이 그 사람을 이끌어 에덴동산에 두어 그것을 경작하며 지키게 하시고"(창 2:15)

그렇다면 에덴동산에는 장차 어떤 사람들이 살도록 허락되었을까요? 모든 인류가 함께 살아가라고 만든 곳일까요? 아니면 몇몇 제한된 사람들만 거하도록 지어진 특별한 곳일까요? 조금만 생각해 봐도 모든 인류가 다 에덴동산에서 살도록 허락되지는 않았을 것입니다. 왜냐하면 에덴동산은 무한한 공간이 아니라 제한된 공간이었기 때문에 모든 인간의 후손들이 다 그곳에서 살기에는 비좁았을 것이기 때문입니다.[7] 그곳은 여호와의 동산이므로 소위 신적 통치가 이루어지는 하나님의 성전과 같은 곳이었으며, 아담이라는 인류의 대표이자 하나님의 대리자가 거하던 곳이었습니다. 오늘날로 말하면 아담은 왕, 대통령, 총리와 같은 지위로서 인간의 대표자였는데, 에덴은 국가 최고 통수권자가 생활하며 업무를 처

---

7) 혹자는 하나님께서 인간을 에덴동산에서만 살 수 있도록 창조하셨다고 주장한다. 그러나 이 것은 논리적이지 못한 설명이다. 그것은 생육하여 번성한 수많은 인류를 고려하지 않았기 때문이다. 동산에 거할 수 있는 사람의 수는 '동산'의 면적에서 충분히 유추할 수 있다. 하나님은 생육하고 번성할 수많은 인류를 위해 동산에서 흘러나온 네 강을 주사 그 강들을 따라 살아가도록 하셨던 것이다.

리하는, 우리나라의 청와대요, 미국의 백악관과 같은 특별한 곳이었다라고 생각할 수 있습니다.

또한 에덴동산의 특징 가운데 빼놓을 수 없는 것은 그 주위에 강이 흘렀다는 사실입니다. 그 강은 먼저 동산을 적신 후 네 강들의 기원이 되었습니다. 에덴동산을 기원으로 하는 네 강들의 주변에는 풍성한 지하자원들이 있었는데, 장차 아담의 후손들이 생명의 원천이 되는 강들을 중심으로 더 많이 생육하고 번성할 수 있도록 하기 위해 만드신 강들이 었습니다. 그리고 하나님은 아담에게 동산의 열매 맺는 나무들을 식물로 주셨는데, 창세기 2장 9절에는 하나님께서 동산의 나무들의 열매들을 먹기에도 좋고 보기에도 아름답도록 만드셨다고 기록하고 있습니다.

> "여호와 하나님이 동방의 에덴에 동산을 창설하시고 그 지으신 사람을 거기 두니라 여호와 하나님이 그 땅에서 보기에 아름답고 먹기에 좋은 (모든)[8]나무가 나게 하시니 동산 가운데에는 생명나무와 선악을 알게 하는 나무도 있더라"(창 2:8-9)

하나님은 에덴동산에 있는 모든 나무들의 열매들을 보기에도 아름답고 먹기에도 좋도록 만드셨는데, 그 중에는 생명나무와 선악을 알게 하는 나무도 있었습니다. 즉, 생명나무와 선악과나무 모두 다른 나무들과 같은 성질을 가진 열매들을 가지고 있었습니다. 생명나무의 열매라 하여 특별히 아름답게 생겼다거나, 선악과나무라 하여 이상하고 독이 있는 모습으로 생기지는 않았습니다. 모든 나무와 열매들이 다 아름답고 먹기에 좋아 보였던 것이지요. 그러나 이 두 나무의 외모가 다른 나무들과 구별

---

8) 위 구절에서 괄호로 묶여진 '모든'이라는 표현은 원문에는 있으나 개역성경에는 생략되어 있는 부분이다.

되는 모습을 가지고 있지는 않았지만, 그들의 기능과 역할은 독특한 것이었는데, 이 두 나무는 에덴동산에서 너무나 중요한 역할들을 담당하고 있었기에 동산 중앙에 특별히 선별해 두실 정도였습니다. 결국 에덴동산에서 가장 중요한 나무는 생명나무와 선악을 알게 하는 나무였던 것입니다.

2. 에덴에서 흘러나온 네 강들

"강이 에덴에서 흘러나와 동산을 적시고 거기서부터 갈라져 네 근원이 되었으니 첫째의 이름은 비손이라 금이 있는 하윌라 온 땅을 둘렀으며 그 땅의 금은 순금이요 그 곳에는 베델리엄과 호마노도 있으며 둘째 강의 이름은 기혼이라 구스 온 땅을 둘렀고 셋째 강의 이름은 힛데겔이라 앗수르 동쪽으로 흘렀으며 넷째 강은 유브라데더라"(창 2:10-14)

에덴동산의 중요한 특징 중의 하나는, 강이 동산을 두루 적신 후에 네 강의 근원이 되었다는 사실입니다. 강은 생명의 근원을 상징합니다. 성경에 처음 등장하는 네 강의 발원지가 에덴동산이었다는 사실은 하나님의 동산 에덴이 이 지구의 모든 생명들을 유지시키고 탄생시키는 일에 있어서도 근원이 된다는 사실을 잘 알려 주기 위함입니다. 하나님의 임재가 있는 곳이 모든 생명 유지의 근원이 된다는 사실을 교훈하고 있는 것입니다.[9]

---

9) 게할더스 보스, 『성경신학』 (기독교문서선교회, 2000), p.49.

1) 비손강

> "첫째의 이름은 비손이라 금이 있는 하윌라 온 땅을 둘렀으
> 며 그 땅의 금은 순금이요 그 곳에는 베델리엄과 호마노도 있
> 으며"(창 2:11-12)

에덴에서 흘러나온 강들 중에 첫 번째 강은 비손강이었습니다. 이 강
의 특징은 금과 보석이 있는 지방의 온 땅을 둘러서 흘렀다는 점입니다.
그 땅 이름은 하윌라 라는 곳이었는데, 현재 고고학적인 정확한 위치를
알 수는 없지만 그러나 성경에서 이 땅은 금과 보석이 있는 땅으로 유명
했습니다. 그렇다면 에덴에서 흘러나온 비손강이 금과 보석이 풍부한 지
방을 지났다는 것은 무슨 의미일까요?

사람들은 예부터 강들을 중심으로 삶의 터전을 마련하고 살아왔습니
다. 강 주변에 살기만 하면 풍부한 수자원으로 인해 농사 걱정은 전혀
할 필요가 없었으며, 또한 뱃길을 통해 왕래도 서로 편리하게 할 수 있
었기 때문입니다. 하나님은 장차 아담과 하와의 후손들이 생육하고 번성
하여 온 땅에 충만하기를 바라셨기 때문에 에덴동산 주변에 여러 강들을
만드셨던 것입니다. 특히 하윌라 지방에 순금과 보석이라는 특별한 선물
을 주신 것은 금과 보석으로 사람들이 자신들을 소중하고 아름답게 꾸미
며 살아가라는 뜻이었습니다. 하나님의 자녀들은 존귀한 자들이기에 귀
중하고 아름다운, 보석과 같이 빛나는 삶을 살기를 바라는 뜻으로 각종
보석들을 허락하신 것이었습니다.

이 사실은 타락하기 이전에 사탄이 하늘나라 곧, 하늘의 에덴에 있을
때에 각종 보석과 금으로 단장하여 자신을 아름답게 꾸미며 보석 같은
삶을 살았다는 사실을 말씀하시는 성경을 통해서도 잘 알 수 있습니다.

"네(사탄)가 옛적에 하나님의 동산 에덴에 있어서 각종 보석 곧 홍보석과 황보석과 금강석과 황옥과 홍마노와 창옥과 청보석과 남보석과 홍옥과 황금으로 단장하였음이여 네가 지음을 받던 날에 너를 위하여 소고와 비파가 준비되었었도다"(겔 28:13) 그러므로 하윌라 지방의 순금과 각종 보석은 인간들을 위한 하나님의 선물이며, 그들이 보석같이 아름답게 살기를 원하신다는 뜻이 포함되어 있는 것입니다.

2) 기혼강

"둘째 강의 이름은 기혼이라 구스 온 땅을 둘렀고"(창 2:13)

둘째 강의 특징은 구스라는 땅에 흘렀다는 것입니다. 우리에게 에디오피아로 알려져 있는 구스는 고대에 참으로 비옥한 나라였습니다. 그리고 위의 구절에서 알 수 있듯이, 구스 땅의 비옥함의 일차적 원인은 에덴에서 흘러나온 기혼강 때문이었습니다. 그러면 기혼강의 영적인 교훈은 무엇일까요? 기혼강이 구스 온 땅을 둘렀다는 것은 하윌라 땅의 금과 보석이 주는 교훈과 같이, 하나님께서 사람들에게 풍성한 곡식을 주시기 원하신다는 뜻을 나타내는 것입니다.

요셉이 총리로 있던 시절, 애굽의 나일강은 그 나라의 식량의 근원이 되었을 뿐 아니라 칠년 대 흉년의 때에 그 이웃나라들에게까지도 식량을 공급할 만큼 큰 능력을 발휘하였습니다. 그것은 나일강 주변의 땅이 너무나도 비옥했기 때문이었습니다. 이와 같이 에덴에서 흘러나온 둘째 강인 기혼강이 구스 온 땅을 둘렀다는 것은 아담 당대뿐 아니라 그의 자자손손 대대로 풍성한 곡식을 거두며 부족함 없이 살기를 바라는 하나님의 마음을 잘 보여 주는 것입니다.

3) 힛데겔강

"셋째 강의 이름은 힛데겔이라 앗수르 동쪽으로 흘렀으며"
(창 2:14a)

셋째 강인 힛데겔 강의 특징은 앗수르의 동쪽으로 흘렀다는 점입니다. 앗수르는 우리가 잘 아는 '비옥한 초승달 지대(메소포타미아)'에 위치해 있습니다. 그 곳은 지리적인 위치와 큰 강으로 인해 고대 상업의 중심지였습니다. 즉 무역이 풍성한 곳이었는데, 앗수르의 상인은 이란 고원 지방에서 수입한 주석이나 직물을 서방으로 가져가 동을 사서 앗수르로 날랐다고 합니다.10) 그렇다면 힛데겔 강의 성경적인 교훈은 무엇일까요? 이웃나라들의 활발한 무역을 도와주었던 힛데겔 강의 성경적인 의미는 아담의 후손들이 서로 풍성한 무역을 통해 삶을 더욱 다양하고 풍성하게 영위하라는 것입니다.

타락 이전의 사탄에게 베풀어진 많은 무역은 자신을 타락시키는 데 악용되었지만, 에스겔서에는 하나님께서 타락하기 이전의 사탄에게 많은 무역을 허락하셨음이 기록되어 있습니다. 결국 많은 무역은 하나님이 사랑하시고 아끼시는 자들에게 베푸시는 큰 선물이었던 것입니다.

"네 무역이 많으므로 네 가운데에 강포가 가득하여 네가 범죄하였도다 너 지키는 그룹아 그러므로 내가 너를 더럽게 여겨 하나님의 산에서 쫓아냈고 불타는 돌들 사이에서 멸하였도다"(겔 28:16)

---

10) 이성호, 『최신 성경사전』 (성지사, 2002) 참조.

4) 유브라데강

"넷째 강은 유브라데더라"(창 2:14b)

넷째 강의 이름은 유브라데입니다. 유일하게 부가적인 설명이 전혀 기록되지 않은 강입니다. 어느 지역을 지나갔는지도, 주변에 무엇이 풍부한지도 기록되어 있지 않습니다. 그렇다면 왜 유브라데강에는 전혀 부가적인 설명이 없는 것일까요? 그리고 유브라데강의 영적인 교훈은 무엇일까요? 가장 유력한 이유는, 그 당시 유브라데강은 대부분의 사람들에게 잘 알려져 있는 가장 큰 강이었다는 사실입니다. 사람들이 그 강에 대하여 너무나 잘 알고 있었기 때문에 부가적인 설명을 하지 않아도 되었던 것이지요. 창세기를 비롯한 구약에 나오는 대부분의 유브라데강은, 서아시아에 있어서의 최대의 강으로서, 티그리스강과 병칭되었고, 메소포타미아의 문화발전에 중요한 역할을 한 강으로서 유명하였습니다. 널리 알려진 강이었기 때문에 성경에서는 그저 '그 강'[11])으로만 기록되어 있는 경우도 많았습니다.[12]

그러므로 넷째 강인 유브라데강의 성경적인 의미는, 그 강이 고대 주변 문화 발전의 중심역할을 담당했듯이, 아담의 후손들 역시 활발한 문화적 활동들을 통해 하나님이 주신 소중한 삶을 더욱 창조적으로 건설하며 지적이고 감성적인 풍성한 문화생활을 영위하라는 하나님의 깊은 뜻이 포함되어 있는 것입니다.

---

11) "여호수아가 모든 백성에게 이르되 이스라엘의 하나님 여호와께서 이같이 말씀하시기를 옛적에 너희의 조상들 곧 아브라함의 아버지, 나홀의 아버지 데라가 강 저쪽에 거주하여 다른 신들을 섬겼으나 내가 너희의 조상 아브라함을 강 저쪽에서 이끌어 내어 가나안 온 땅에 두루 행하게 하고 그의 씨를 번성하게 하려고 그에게 이삭을 주었으며"(수 24:2-3)

12) 요하난 아하로니, 미카엘 아비요나 공저, 『아가페 성서지도』(아가페, 2001), p.12

이토록 섬세한 배려와 사랑으로 설계되고 지어진 에덴동산과 그 주변 환경들은 인간들을 향하신 하나님의 최고의 선물이었습니다. 그 무엇 하나 부족함이 없는 지상 낙원이었던 것이지요. 인간이 행복한 삶을 살기 원하시는 하나님의 사랑이 너무나도 잘 드러나 있는 자연환경이었습니다. 그러나 어느 날 하나님에게는 한 가지 큰 걱정거리가 생기게 되었습니다. 갑자기 하나님에게 걱정이 생겼다는 표현으로 인해 의아해 할 수도 있겠지만, 성경을 자세히 살펴보면, 하나님의 걱정과 염려가 문맥 속에 숨어 있음을 알게 될 것입니다. 그렇다면 그 걱정은 과연 무엇일까요? 이제부터는 성경의 문맥 속으로 들어가 이 문제를 집중적으로 분석해야 합니다. 그렇게 할 때에만, 선악과의 모든 문제는 성경적으로 올바르게 풀려지기 때문입니다.

제4장 동산 중앙의 두 나무

1. 동산 중앙의 영적인 의미

이제 성경의 관심은 동산의 여러 나무들에서부터 동산 중앙의 두 나무에게로 옮겨지게 됩니다. 바로 생명나무와 선악을 알게 하는 나무입니다. 이 두 나무는 아담의 식물로써 사용되도록 만드신 나무는 아닙니다. 선악과는 결코 먹으면 안 되었기 때문에 너무나 당연한 것이었고, 생명나무의 열매 역시 특별한 경우에만 주어진다는 성경의 기록으로 나타나기 때문입니다. 아무튼 이 두 나무는 모두 동산의 중앙에 위치하게 되었습니다. 그렇다면 동산의 중앙이라는 장소가 가지는 영적인 의미는 무엇일까요?

에덴동산의 본래 주인은 하나님이십니다. 왜냐하면 그 동산은 하나님에 의해 창조되었고, 또한 성경에서 '여호와의 동산'(창 13:10)으로 불렸기 때문입니다. 그러나 그 동산을 아담에게 주셨고 대신 다스리고 통치하도록 하셨습니다. 그렇기 때문에 아담은 언제나 에덴의 진정한 주인은 자신이 아니라 하나님이시며 자신은 대리 통치자임을 기억해야 했습니다. 바로 이러한 역할을 담당하는 것이 동산의 중앙이었습니다. 그리고 하나님은 동산의 가장 중심된 곳에 원래의 주인을 기억하도록 하는 기념물을 두시고자 생명나무와 선악을 알게 하는 나무를 두셨습니다. 생명의 영역과 선악의 영역은 인간이 주관할 수 있는 영역이 아니며 오직 하나님의 주권적인 영역임을 간접적으로 선포하였던 것입니다. 그러므로 이 두 나무가 동산 중앙에 놓였다는 것은 그 중앙의 영적인 의미를 명확하게 밝혀주게 됩니다. 바로 하나님 중심사상입니다. 아담은 동산의 중앙에 있는 나무들을 볼 때마다 원래의 주인이신 하나님을 기억하며, 언제나 하나님의 뜻대로 통치해야 함을 명심해야 했던 것입니다. 그러므로 동산의 중앙과 그 두 나무는 아담과 전 인류에게 주인 되신 하나님과 그분의 말씀들을 기억나게 하는 영적인 통치의 역할들을 감당하고 있었던 것입니다.

2. 생명나무

동산 중앙의 두 나무 중 먼저 등장하는 것은 생명나무입니다. 생명나무의 열매를 먹으면 생명이 풍성해지고 죽지 아니하며 영생하기에 그 이름을 생명나무라고 하였을 것입니다. 열매의 물질적, 화학적 성분이 사람으로 하여금 영생하도록 한 것 같지는 않습니다. 영생은 하나님을 믿고 그 언약을 지키는 자에 대한 선물이었기에 열매의 성분은 중요한 문제가 될 수 없습니다. 선악과에 물질적인 독이 있어 사람을 타락시킨 것이 아님이 분명한 것처럼 생명나무의 열매에도 영생하도록 하는 신비한 물질이 들어 있지 않았을 것입니다.

이 두 나무는 실제적인 나무였습니다. 그러나 동시에 상징적인 나무이기도 했는데, 각각 인류를 향한 특별한 임무를 수행하고 있었다는 것을 쉽게 짐작할 수 있습니다. 그렇다면 과연 그 임무들이란 구체적으로 무엇일까요?

게할더스 보스는 생명나무의 역할을 미래적이며 성례적인 것으로 보고 있습니다. 교회의 성찬식에서 먹게 되는 떡과 포도주가 예수님의 살과 피를 상징하여 그것을 먹는 자는 예수님의 살과 피에 동참하겠다는 다짐을 하게 되듯이, 생명나무의 열매 역시 미래에 자신이 영생을 얻었다는 확신을 가진 후에 먹게 되는, 일종의 성례의 형식으로 사용되었던 나무라는 것입니다.[13]

이것은 요한계시록에 등장하는 생명나무의 역할과 동일한데, 마지막 날에 임하게 될 새 예루살렘 성 안에 있는 생명나무는 하나님과 어린양의 보좌로부터 흐르는 생명수의 좌우편에 각각 위치해 있었으며, 그들의 기능은 달마다 열두 가지 열매를 맺어서 어린양의 생명책에 기록된 자들을 위한 천국양식으로 주어지는 것이었기 때문입니다. 새 예루살렘 성의 생명나무의 열매는 장차 하나님의 백성들이 궁극적으로 먹어야 할 천국양식을 대표하고 있기에, 에덴동산의 생명나무 역시 구원받은 모든 인류의 천국 양식을 대표하는 열매라고 할 수 있는 것입니다.

> "또 그가 수정 같이 맑은 생명수의 강을 내게 보이니 하나님과 및 어린양의 보좌로부터 나와서 길 가운데로 흐르더라 **강 좌우에 생명나무가 있어[14] 열두 가지 열매를 맺되 달마다 그 열매를 맺고** 그 나무 잎사귀들은 만국을 치료하기 위하여 있더라"(계 22:1-2)

---

13) 게할더스 보스, 『성경신학』 (기독교문서선교회,2000), p.50.
14) 여기서 생명나무는 단수로 사용된다. (…And on either side of the river was the tree of life…-NASB)

그러나 반드시 기억해야 할 사실은, 생명나무에게는 그의 미래적이며 성례적인 역할들보다 더 중요한, 그 당시 현재적으로 주어지고 있던 막중한 임무가 있었음을 깨달아야 한다는 점입니다. 왜냐하면 창세기에서의 생명나무는 인류 최초의 범죄와 밀접한 관련이 있기 때문입니다. 생명나무의 궁극적인 수여자는 모든 인류가 되지만, 그러나 일차적인 수여자는 아담과 하와였기 때문입니다. 생명나무는 하나님이 만물에게 생명을 주신 것과, 특히 인간에게 영생하도록 허락하신 하나님의 은혜를 상징하는 나무였기에 에덴동산을 대표하는 나무라고 할 수 있지만, 그러나 또한 생명나무는 선악과나무와 함께 아담과 하와를 향한 특별한 임무를 수행 중이었던 것입니다.

그렇다면 생명나무의 특별한 현재적인 임무란 무엇일까요? 단순히 에덴동산의 대표적인 상징물에 불과한 것이라면 생명나무가 선악과나무와 나란히 서 있어야 할 이유가 전혀 없을 것입니다. 그리고 동산 중앙의 자리에는 오직 생명나무만 서 있어야 할 것입니다. 그러나 그 자리에는 생명나무와 똑같은 비중과 동일한 중요성을 가진 선악과나무가 함께 서 있었습니다. 두 나무가 중앙에 나란히 서 있었다는 사실은 우리에게 새로운 해석적 과제들을 제시해 주는데, 두 나무의 역할들이 서로 분리될 수 없음을 알려 주는 중요한 암시인 것입니다. 결국 생명나무의 본질적인 기능과 역할을 알기 위해서는 선악과나무와 필연적으로 연관되어 설명되어야 합니다. 선악과나무에 대한 이해 없이는 생명나무에 대한 이해도 반쪽짜리 밖에 되지 않는 것입니다.

결과적으로 볼 때, 우리는 최초의 인류가 선악과나무의 열매를 범함으로 인해 이 땅에 죄와 죽음이 들어오게 되었음을 잘 알고 있습니다. 그렇다면 생명나무가 그토록 위험한 죽음의 나무 바로 옆에 있었다는 것은 무엇을 의미할까요? 비록 인간이 하나님의 명령을 어기고 죄를 짓게 되었지만, 그러나 그 죄를 짓기 이전에 사람들의 마음속에 죄 짓지 않도록 선한 영향력을 끼치는 그 무언가가 있었어야 하지 않았을까요? 인간이 죄의 유혹을 당할 수 있는데 하나님께서 아무런 대책도 세워 놓지 않았을까요? 생명나무는 바로 이러한 역할을 감당했을 것이라 짐작할 수 있습니다. 죽음의 나무 앞에서 다시 한 번 생각하라는 것입니다. 생명을 택할 것이냐, 생명을 포기하고 욕심에 따라 죽음을 선택할 것이냐? 이러한 중대한 기로에 서 있는 인간을 위해 하나님은 선악과나무 바로 옆에 생명나무를 세워 두신 것이었습니다. 바로 이것이 당시 생명나무의 가장 중요한 임무와 역할이었던 것입니다. 결국 생명나무는 인간들이 선악과나무를 범하고자 할 때, 그 유혹으로부터 인간들을 도와주기 위해 세워졌음이 분명합니다.

생명과 죽음이라는 두 극단적인 상황 속에서 정상적인 인간이라면 죽음대신 생명을 택할 것입니다. 그러나 삶이 너무나 힘들고 절망적이며 고통스러운 일들이 많은 사람이라면 아마 죽음을 택할 수도 있을 것입니다. 그러나 에덴동산의 아담에게는 그 당시 이러한 비극과 절망이 전혀 존재하지 않았기에, 생명과 죽음이라는 두 극단적인 상징물의 경쟁에서 생명나무가 늘 승리했을 것입니다. '선'과 '악'의 선택이 주어졌을 경우, 그 사람이 정상적인 사람이라면 '선'을 택하는 것이 지극히 당연한 것이기 때문입니다. 혹 그 사람이 힘든 일로 인해 좌절하여 잠시 죽음을 생각해 본다 할지라도 그 옆에 있는 생명나무의 영향력으로 인해 다시 활기찬 삶으로 복귀할 수 있었을 것입니다. 생명나무의 가장 중요한 역할은 바로 죽음 대신 생명을 택하라는 것이었던 것입니다.

에덴동산의 생명나무는 예수 그리스도를 상징할까요?
성경은 모든 생명의 원천이 예수 그리스도로 말미암았다고 말씀하고 있습니다.

"예수께서 이르시되 내가 곧 길이요 진리요 생명이니 나로 말미암지 않고는 아버지께로 올 자가 없느니라"(요 14:6) 그는 심지어 죽은 자들까지 살리신 분이십니다. 또한 예수님은 성경에서 생명수로, 생명의 떡으로 늘 상징되고 있기 때문입니다(요 6:35). 그렇기에 많은 사람들이 생명나무 역시 예수 그리스도를 상징한다고 굳게 믿고 있습니다. 혹자는 "생명나무는 예수 그리스도를 뜻하며, 생명나무를 먹는다는 것은 예수 그리스도를 믿으며 그의 안에 산다는 것을 의미합니다."15)라고 주장합니다. 그러나 이것은 인류 타락 이후의 생명나무의 역할이라는 사실을 기억해야 합니다. 타락 이전의 생명나무의 역할은 예수 그리스도를 상징하는 것으로서의 역할이 결코 아니었습니다.

이는 '어린양'이 예수 그리스도를 상징하게 된 역사적인 기원을 통해서도 잘 알 수 있습니다. 어린양은 처음부터 예수님을 상징하게 된 것이 아니었습니다. 출애굽 당시에 죽음의 사자를 지나치게 하기 위해 문설주에 어린양의 피를 바르라는 하나님의 명령 때문에 생기게 된 상징입니다. 즉 어린양이 구세주를 상징하게 된 출발점은 출애굽이라는 역사적인 사실을 통해 이루어졌다는 것입니다. 그 전의 어린양은 결코 예수님을 상징하는 동물이 아니었으며, 어린양의 피가 예수님의 피를 상징하지도 않았습니다. 그렇기 때문에, 우리는 생명나무의 역할 역시 이와 동일하게 볼 줄 알아야 합니다. 타락 이전 에덴동산에 있던 생명나무는 예수 그리스도를 상징하던 나무가 아니었습니다. 그러나 그 이후에는 생명나무의 역할이 영생을 얻은 자에게 주어지는 하늘 양식을 대표하게 되어 예수 그리스도를 상징하게 되었습니다. 결국 인류가 범죄 하기 이전의 생명나무는 예수 그리스도를 상징하는 나무가 아니라, 선악과나무 바로

---

15) 이우승, 『당신은 선악과나무의 비밀을 아시나요?』 (기독교문서선교회, 1999), p.117

옆에 서서 인간도 하나님이 될 수 있다는 사탄의 유혹을 이기도록 해 주는 역할을 담당하던 에덴동산을 상징하는 나무였던 것입니다.

아담과 하와는 생명나무의 열매를 먹었던 적이 있었을까요?

성경에는 이와 관련된 직접적인 언급은 없지만, 그러나 우리가 성경적인 추론을 해 나간다면 그렇게 어려운 문제는 아님을 알 수 있습니다. 최초의 인류는 이미 '조건적인 불멸'이라는 영생을 소유하고 있었다는 점이 중요합니다. 즉 그들은 특별한 사유가 없는 한, 영원히 죽지 않게 되는 영생의 존재들이었던 것입니다. 그러므로 생명나무의 열매를 먹지 않아도 영생하는데 아무런 부족함이 없었기 때문에 애써 그 열매를 먹으려 하지는 않았을 것입니다. 에덴동산에는 그 외에도 먹음직한 열매들이 너무나도 많았습니다.

3. 선악을 알게 하는 나무

선악을 알게 하는 나무는 인류에게 어떠한 나무였을까요? 그리고 하나님께서는 어떤 목적을 가지고 이 나무를 동산 중앙에 두셨을까요?

혹자는 하나님이 선악과를 만드신 이유를 다음과 같이 설명하는데, "하나님은 죄인들을 하나님의 품으로 다시 불러 사랑을 나누고 싶어서 선악과를 만드신 것입니다. 사람들의 내면에 감추어진 죄를 드러내어 회개하도록, 하나님과의 사랑의 관계를 다시 회복하도록 선악과를 만들어 주신 것입니다."[16]라고 주장합니다.

그러나 이 주장은 상당한 신학적 모순을 가지고 있습니다. 죄가 언제 인류에게 들어왔는가라는 문제에 있어 심각한 혼란을 야기하는 것입니

---

16) 송영옥, 『하나님은 왜 선악과를 만드셨을까요?』 (나침반, 2006), p.36-37

다. 성경은 분명히 인류에게 죄가 처음으로 들어오게 된 것은 인간이 선악과를 따 먹는 죄악 된 행위17)로 인한 것이라고 설명하고 있는데, 그 약속을 어기기 전에 마음으로 이미 죄인이었다는 주장18)과 그 죄를 회개하도록 하기 위해 선악과를 주셨다는 주장은 전혀 논리적이지도 성경적이지도 않기 때문입니다. 하나님은 그분의 사랑을 의심할 수 있는 가능성까지 인류의 원죄로, 즉 죽음의 형벌로 다스리지는 않았습니다.

하나님은 가인에게 다음과 같이 말씀하셨습니다. "네가 선을 행하면 어찌 낯을 들지 못하겠느냐 선을 행하지 아니하면 죄가 문에 엎드려있느니라 죄가 너를 원하나 너는 죄를 다스릴지니라"(창 4:7)

죄를 짓고자 하는 소원이 있어도 그것을 잘 다스려 구체적인 행동으로 옮기지 않으면 죄가 되지 않습니다. 물론 마음으로 음욕을 품어도 이미 간음한 것이라고 하신 예수님의 말씀을 통해서 볼 때, 생각만으로도 얼마든지 죄를 지을 수는 있습니다. 그러나 동시에 생각만으로는 죄가 되지 않는 경우도 얼마든지 존재합니다. 생각의 다양성과 가능성은 하나님이 인격적인 인간에게 허용하신 부분이기에 원죄의 문제로만 접근해서는 안 되는 것입니다. 그러므로 인류의 최초의 죄는 선악과 열매를 구체적인 행동으로 따 먹은 그 순간부터 적용되어야 마땅한 것입니다.

선악과나무의 정체성에 대한 그동안의 주된 해석 중에 하나는 하나님이 인간에게 주신 '율법'으로 이해하는 것이었습니다. 혹자는 "선악과나무의 보다 정확한 성경적인 이름은 선과 악을 알게 하는 나무입니다. 무엇이 선이고 무엇이 악인지를 알게 하는 나무인 것이지요, 무엇이 선한 것이며 무엇이 악한 것인지, 즉 선과 악의 판단 기준은 반드시 행위(마

---

17) "아담이 속은 것이 아니고 여자가 속아 죄에 빠졌음이라" (딤전 2:14)라는 말씀을 통해서 볼 때, 최초의 죄라는 것은 사탄의 꾀임에 대하여 아담과 하와의 구체적인 행위로 이어진 것임을 나타내고 있다.
18) 이 논제에 대하여는 이 글의 제8장에서 상세히 논하고 있다.

음의 상태, 소원도 포함)로 말미암으며 이 행위의 기준을 제시한 것이 바로 율법입니다. …우리는 율법을 통해서 무엇이 선하고 무엇이 악한지는 알 수 있습니다(마음에 품은 생각도 포함). 선악과나무는 우리에게 무엇이 선한 것이고, 무엇이 악한 것인지를 깨닫게 해 줍니다. 따라서 결국 선악과나무는 율법을 의미하고 있음을 알 수 있습니다. 그리고 선악과나무의 열매는 율법의 각 조항인 계명을 의미하는 것입니다."[19)라고 주장합니다. 물론 선악과 명령이 하나님의 율법임을 부정하는 일은 결코 있어서는 안 될 것입니다. 왜냐하면 그것은 너무나도 분명한 하나님의 명령이요, 계명이요, 말씀이기 때문입니다. 그러나 많은 사람들이 선악과 언약이 하나님의 율법인 것을 알고는 있지만, 그리고 먹으면 사망에 이른다는 내용도 알고 있지만, 그 내용이 선악과와 관련된 제한적이며 개별적이라는 사실과, 여러 다른 율법들 가운데 한 율법일 뿐이라는 사실은 잘 모르고 있는 것 같습니다. 이러한 제한적이고 단편적인 율법의 의미를 지니는 열매에 구약과 신약의 모든 하나님의 말씀을 상징하듯이 과장되게 적용하는 것은 분명히 무리한 해석적인 시도이기 때문입니다. 선악과 명령은 하나님의 율법이었지만, 그러나 그것은 모든 율법이 아니라 모든 율법 중에 하나의 율법이었던 것입니다. 그러므로 선악과 열매는 하나님의 율법 전체를 상징할 수는 없습니다.

그동안 많은 주석가들이 그러했듯이 선악과나무의 정체성과 교훈을 발견하는 것은 결코 쉬운 일이 아닙니다. 그러나 우리가 선악과나무에 대한 올바른 해석을 얻기 위해 철저히 성경적인 방법을 따른다면 그 나무에 대한 의문들은 결국 확실하게 밝혀지게 될 것이라는 확신을 가져야 합니다. 선악과나무의 교훈은 애매한 가운데 계속 남아 있어야 할 것이 아니라 성경적인 연구를 통해 명확히 드러나야만 하는 분명한 성경적인

---

19) 이우승, 『당신은 선악과나무의 비밀을 아시나요?』 (기독교문서선교회, 1999), P.123-124

사실이기 때문입니다.

결국, 선악과나무에 대한 올바른 정체성과 성경적인 교훈을 알기 위해서 일차적으로 다루어야 할 과제는 이 나무의 성경적인 비중일 것입니다. 왜냐하면 이 나무의 열매로 인해 전 인류는 말할 수 없는 수많은 고통과 비참, 절망, 그리고 죽음과 이별을 겪어야만 했기 때문입니다. 그러나 이러한 고통의 문제는 단지 인간에게만 한정된 것이 아니었습니다. 모든 피조물 역시 인간의 죄로 말미암아 고통 가운데 거하게 되었다고 분명히 성경은 밝히고 있으며[20], 또한 이보다 더 중요한 사실은, 인류의 원죄가 하나님에게도 견딜 수 없는 고통으로 다가왔다는 사실입니다. 즉 장차 하나님의 독생자가 십자가에서 피 흘려 죽어야만 하는 일이 발생되었기 때문입니다(창3:15).

선악과나무는 하나님의 외아들의 목숨과도 바꾸어야만 할 만큼 비싼 대가를 요구하는 나무였던 것입니다. 하나님 자신이 직접 죽음의 고통을 경험하시지 않으면 안 되었던 것입니다. 이 어찌 성경 속에서 가볍게 볼 수 있는 대상입니까? 어찌 자유의지의 남용이라는 기준으로만 설명할 수 있는 사건이겠습니까? 성경적인 비중이 이토록 큰 만큼 선악을 알게 하는 나무의 정체성은 성경 전체의 교훈을 통해 드러나야만 합니다.

창세기 2장과 3장, 그리고 성경 전체를 유심히 살펴볼 때, 우리는 선악과나무의 정체성과 영적인 교훈을 확실히 알 수 있게 됩니다. 만약 이와 같은 성경적인 해석의 근거를 명확하게 설명하지 못하거나, 선악과나무의 성경적인 비중을 잘 드러내지 못하고, 또 지금까지 던져진 여러 질문들에 대해 속 시원한 대답을 하지 못하는 이론이라면 그것은 더 이상

---

[20] "그 바라는 것은 피조물도 썩어짐의 종노릇 한 데서 해방되어 하나님의 자녀들의 영광의 자유에 이르는 것이니라 **피조물이 다 이제까지 함께 탄식하며 함께 고통을 겪고 있는 것을 우리가 아느니라** 그뿐 아니라 또한 우리 곧 성령의 처음 익은 열매를 받은 우리까지도 속으로 탄식하여 양자 될 것 곧 우리 몸의 속량을 기다리느니라"(롬 8:21-23)

성경적인 이론이라고 할 수 없을 것입니다. 동시에 성경적인 근거를 확실히 설명하고 성경적인 비중을 있는 그대로 잘 드러내며, 어떠한 질문에도 명확한 대답을 할 수 있는 이론이라면, 그 이론이 가장 성경적이고 설득력 있는 주장이 될 것임은 너무나 확실할 것입니다. 이제 우리는 하나님과 사랑, 그리고 사탄이라는 인격적 존재의 관계 속에서 선악과 사건을 이해해야 합니다. 또한 창조주와 피조물 사이에서 발생한 배반의 사건이라는 점도 기억해야 합니다.

제5장 천상에서 일어난 일들

선악과나무를 제대로 이해하기 위해서는 이제 천상에서 발생한 사건들에 대해서도 관심을 가져야만 합니다. 왜냐하면 아담과 하와를 유혹한 존재가 다름 아닌 천상의 타락한 천사, 바로 사탄이었기 때문입니다. 아담과 하와가 에덴동산에서 살고 있을 동안 천상의 세계에서는, 구체적인 시기는 알 수 없지만, 그러나 아주 심각한 영적인 사건들이 발생했었습니다. 하늘에서 하나님의 보좌를 찬탈하기 위한 쿠데타가 발생한 것입니다. 하나님의 왕권을 빼앗기 위해 천사들의 상당수가 반역죄에 가담하였는데, 그 우두머리는 광명의 천사였던 사탄이었습니다.

하나님의 능력의 상징으로 수많은 혜택을 누리고 있던 그 천사들이 도대체 무슨 정신으로 하나님을 향하여 반역을 일으켰을까요? 이제 우리는 사탄이 왜 창조주 하나님을 배반하고 인간들을 타락시키려는 목적을 가지게 되었는지, 무엇으로 사람들을 유혹하려고 했는지, 그리고 인간을 타락시킨 후에 그가 얻은 것은 무엇이며 잃은 것은 무엇인지에 대하여 성경적인 대답을 찾을 때가 되었습니다. 그러므로 천상에서 일어난 반역과 인간의 타락, 그리고 중간적 매체로 사용된 선악과나무는 이러한 이유들로 인해 서로 밀접한 관련을 가지게 됩니다. 결국 선악을 알게 하는 나무는 사탄의 범죄와 관련되어 설명되어야 하며, 그의 타락 후의 계획과 연관시켜 이해되어야만 할 것입니다. 그래야만 선악과나무를 에덴에 두신 하나님의 의도도 제대로 알 수 있게 될 것입니다.

1. 천사의 창조

천사의 타락을 이해하기 위해 우리는 먼저 그들의 창조시기를 살펴보아야 합니다. 성경에는 천사들이 창조된 시기에 대해 구체적인 설명을 하지 않고 있습니다. 그러나 우리는 성경적인 해석의 원리를 따라 6일 동안의 창조 기간 중 어느 한 시점에서 창조되었다는 것을 알 수 있는데, 왜냐하면 첫째 날의 시작을 알렸던 '태초'라는 단어가 우주의 모든 사물의 시작을 알리는 말씀이기 때문입니다. 그러므로 모든 피조물의 첫 출현을 알리는 창세기 1장 1절의 '태초' 이후에 비로소 인격적인 피조물인 천사들도 세상에 출현할 수 있는 것입니다. 그리고 6일 동안의 기간을 통하여 지구와 우주의 모든 구성요소들이 창조되었으므로 천상의 천사들 역시 6일의 창조 기간 동안에 지음을 받은 것입니다.

2. 천사의 배반

하나님께서는 인격적인 피조물로써 지구에는 사람들을, 그리고 하늘에서는 천사들을 창조하셨습니다. 특별히 천사 창조의 목적은 천상에서 하나님을 예배하고 그분을 섬기는 일과, 모든 명령을 수행하고 또한 구원 받을 인간들을 섬기는 일을 위하여 창조되었습니다. 그들은 언제나 모든 것이 아름답고 풍족하며 영화로운 곳인 하늘나라에서 거룩하신 하나님과 함께 거할 수 있는 특권을 누렸던 자들입니다. 또한 천사들의 능력은 심히 뛰어나서 하나님의 많은 사역들이 천사들을 통해 이루어졌습니다. 그러나 이토록 영광스런 직분을 수행하며 부족함 없는 삶을 살고 있던 천상의 존재들이 어느 날 천사들 중에 가장 뛰어나고 아름다우며 최고의 능력을 소유한 천사였던 '계명성',21) 즉 사탄의 유혹을 이기지 못하고 하늘나라에서 반역을 감행하고 말았습니다.22) 사탄을 우두머리로 삼은 천사들은 하나님을 대적하며 천상에서 전쟁을 일으켰습니다. 그들의 수는 엄청났는데, 천사들의 삼분의 일이 반역죄에 가담하였습니다.

그렇다면 도대체 왜 천사들이 하나님을 배반했을까요? 하나님께 변치 않는 충성을 맹세해야 할 천사들이 왜 하나님을 향하여 반기를 들고 불순종하며 전쟁을 일으켰을까요? '계명성'은 무엇으로 하늘의 천사들을 유혹하였을까요? 어떻게 하늘에서 이런 일이 일어날 수 있을까요? 도저히 믿기지 않을 정도로 충격적인 일이겠지만, 천사들의 반역은 엄연한 사실로 나타나고 말았습니다.

그러나 그 전쟁은 처음부터 무모한 전쟁이었습니다. 아무리 능력이 많

---

21) 혹자는 계명성과 사탄이 아무런 관련이 없다고 한다. 그러나 성경 기록의 방법 및 해석의 원리를 충실히 적용해 볼 때, 이사야서의 계명성은 분명히 타락 이전의 사탄임이 분명하다. 이 외에는 계명성에 대한 적절한 성경적인 설명을 할 수 없다. "너 아침의 아들 계명성이여 어찌 그리 하늘에서 떨어졌으며 너 열국을 엎은 자여 어찌 그리 땅에 찍혔는고 네가 네 마음에 이르기를 내가 하늘에 올라 하나님의 뭇 별 위에 내 자리를 높이리라 내가 북극 집회의 산 위에 앉으리라 가장 높은 구름에 올라가 지극히 높은 이와 같아지리라 하는도다 그러나 이제 네가 스올 곧 구덩이 맨 밑에 떨어짐을 당하리로다"(사 14:12-15)

22) 바빙크는 "죄는 땅에서 처음 발단된 것이 아니라, 하늘에서 직접 하나님의 면전과 그의 보좌의 발아래서 시작되었다. 하나님을 반항하고자 하는 생각과 소원과 뜻은 처음 천사들의 마음속에서 생겼다"고 한다. (『하나님의 큰일』, 기독교문서선교회, 1998, p.211.)

고 탁월한 피조물들이 서로 힘을 모은다 할지라도 감히 하나님을 이길수는 없기 때문입니다. 그들은 너무나도 단순한 한 가지 진리를 망각하고 있었습니다. 즉, 피조물은 결코 창조주를 이길 수 없다는 진리입니다. 그리고 이제 사탄과 그의 무리들은 결코 돌이킬 수 없는 중대한 죄를 범하고 말았습니다.

예상대로 사탄은 하늘 전쟁에서 패하였습니다. 그리고 더 이상 천상에거할 수 없게 되었습니다. 그럼에도 그들은 전혀 승복하지 않았습니다. 계속해서 하나님을 향한 적의를 가지고 자신의 나라를 만들기 위해 음모를 꾸미고 있습니다. 그리하여 그들은 그 당시 아담과 하와가 거하고 있던 지구를 향하여 새로운 정복의 야욕을 불태웠습니다. 하늘 전쟁을 계속 수행할 거처가 필요했기 때문입니다. 그리고 하나님이 사랑하시는 인간들을 자신들처럼 타락시켜 인간들에게 주어진 특권을 빼앗고, 동시에 하나님을 고통스럽게 하고 싶었기 때문입니다.

그러나 지구는 하나님이 인류에게 주신 선물이었으므로 악한 영들이자신들 마음대로 지구에 거하며 살 수는 없었습니다. 지구는 인간의 영역이었기 때문입니다. 그러므로 사탄과 타락한 천사들이 지구에 내려와거하기 위해서는 지구를 다스리는 권한을 부여받았던 아담의 동의가 필요하였습니다. 그리하여 사탄은 아담의 동의와 순종을 얻어내기 위해 치밀한 계획을 세웠던 것입니다. 그러나 그들은 지구에 거할 수 있는 정도만으로 만족할 존재들이 아니었습니다. 그들은 아예 통째로 지구의 통치권을 빼앗아 오기로 결심하였던 것 같습니다. 아담과 하와로 하여금 자신의 말에 순종케 하고 하나님을 거역하도록 하기만 하면 지구의 통치권까지 빼앗을 수 있다는 사실을 간파하였던 것으로 보입니다. 즉, 하나님과 인간과의 언약의 관계를 깨뜨리게 하면 된다는 생각을 했던 것입니다. 그리하여 사탄은 뱀을 사용하여 선악과나무를 통해 인간에게 접근하였고 자신이 타락했던 동일한 방법으로 인간들을 유혹하여 하나님께 불순종하게 하였으며 자신에게 순종하도록 만들어 버렸습니다. 하나님과의 언약의 관계를 깨뜨리고 사탄과의 계약을 새롭게 맺은 것입니다. 결국 하나님께서 아담에게 주셨던 세상권세는 사탄에게 빼앗겨 버리고 말았습니다.

천사들의 타락과 반역의 문제에 있어, 하나님께서 그들을 혹시라도 타락하기 쉬운 존재로 잘못 만드신 것은 아닌가라는 의문을 가질 수 있습니다. 이것은 인간의 경우에도 마찬가지입니다. 그러나 하나님은 결코 천사들과 사람들을 잘못 만들지 않으셨습니다.[23] 그분은 완전하시고 결코 실수가 없으시며 전지전능하신 분이기 때문입니다. 그러기에 인간과 천사의 반역은 더욱 충격적인 사건이었습니다.

혹 문제 있는 사람이 잘못을 저지르면 우리는 어느 정도 그 형편을 이해할 수 있습니다. 정신적인 질환이 있는 사람이 죄를 범하면 그 정신적 장애의 정도에 따라 죄를 감하여 주기도 합니다. 너무 배가 고파서 빵을 훔친 자가 있다면 훈방조치하거나 그를 도와주기도 합니다. 그러나 완전하시고 전능하신 창조주 하나님께서 만드신 모든 만물과 그의 인격적인 피조물들에게는 결코 이러한 문제점이 있지 않았으며 있을 수도 없는 일입니다. 왜냐하면 피조물들이 만들어질 당시부터 문제점을 가지고 있었다면, 하나님의 완전하시고 전능하시며, 그리고 실수가 없으신 하나님의 거룩한 속성에 정면으로 위배되기 때문입니다. 그러므로 두 인격적인 피조물들은 전혀 결함이 없었으며 완전하였고 부족함이 없었다는 것이 명확해집니다. 그럼에도 불구하고 인간과 일부 천사들은 자신들을 만드신 주인을 배반하였습니다. 너무나 잘 만들어졌고 전혀 결함이 없었

---

23) "나의 깨달은 것이 오직 이것이라 곧 하나님은 사람을 정직하게 지으셨으나 사람이 많은 꾀들을 낸 것이니라"(전 7:29)

기에, 그들의 타락은 심히 큰 충격이었으며, 그들의 죄악은 더욱 가중될 수밖에 없는 것입니다.

3. 배반의 목적에 대한 성경적인 설명

우리는 이제 사탄을 비롯한 수많은 천사들이 왜 반역에 가담했는지에 대한 상세한 대답을 듣기 위해 성경적인 도움이 필요하게 되었습니다. 그 이유는 에스겔 28장에 잘 기록되어 있습니다. 에스겔 28장에는 두로 왕에 대한 정죄와 심판의 말씀이 등장하고 있습니다. 이 본문은 두로 왕에 관한 심판의 말씀들을 언급하다가 어느덧 그 모든 심판들이 '지키는 그룹(최고 지위의 천사)'[24]인 사탄에게도 동일하게 적용되어진다는 구조로 설명되어집니다. 즉 두로 왕의 죄악을 심판하심을 통해, 당시 지키는 그룹이었던 사탄의 타락상에 관하여 동일하게 심판하시겠다는 설명입니다. 왜냐하면 두로 왕의 죄와 사탄의 죄가 너무나도 닮았기 때문입니다. 사실 두로 왕이 행한 교만과 타락의 배후에서 사탄이 계속해서 영향을 주었기 때문에 서로 닮을 수밖에 없는 문제였습니다. 이에 하나님은 두로 왕에 대한 심판의 말씀을 통해 그 배후에 숨어 있는 사탄까지 동일하게 심판하셨던 것입니다. 뱀에 대한 저주의 선포가 곧 그 배후에 있던 사탄에게 하신 말씀과 동일하듯이 두로 왕의 심판을 설명하는 에스겔서의 경우도 마찬가지였습니다.

결국 에스겔 28장에 나타난 두로 왕의 생각과 행동을 통해 사탄이 어

---

24) 영광의 하나님을 가장 중요한 곳에서, 그리고 가장 가까운 곳에서 하나님을 섬기는 최고의 천사들이다. 구약에서는 성막과 성전의 언약궤의 덮개인 속죄소를 지키는 천사들이 그룹이었는데, 하나님이 임재하시는 곳에서 그분을 섬기는 천사들이다. 그 다음의 계급으로는 스랍이 있다. "또 향단에 쓸 순금과 또 수레 곧 금 그룹들의 설계도대로 만들 금의 무게를 정해 주니 이 그룹들은 날개를 펴서 여호와의 언약궤를 덮는 것이더라"(대상 28:18)

떤 마음과 어떤 생각으로 하나님을 배반했는지에 대해 자세히 알 수 있게 됩니다. 또한, '지키는 그룹'이었던 사탄의 타락과정을 자세히 살펴봄으로써 선악과나무를 통하여 인간에게 접근할 수밖에 없었던 사탄의 계획도 잘 알 수 있게 될 것입니다. 그리고 더욱 중요한 것은, 에덴동산에 선악과를 세울 수밖에 없었던 하나님의 놀라운 뜻과 계획도 함께 이해할 수 있게 될 것이라는 사실입니다.

에스겔 28장

01 여호와의 말씀이 또 내게 임하여 이르시되

02 인자야 너는 **두로 왕에게** 이르기를 주 여호와께서 이같이 말씀하시되 네 마음이 교만하여 말하기를 나는 신이라 내가 하나님의 자리 곧 바다 가운데에 앉아 있다 하도다 네 마음이 하나님의 마음 같은 체 할지라도 너는 사람이요 신이 아니거늘

03 네가 다니엘보다 지혜로워서 은밀한 것을 깨닫지 못할 것이 없다 하고

04 네 지혜와 총명으로 재물을 얻었으며 금과 은을 곳간에 저축하였으며

05 네 큰 지혜와 네 무역으로 재물을 더하고 그 재물로 말미암아 네 마음이 교만하였도다

06 그러므로 나 주 여호와께서 이같이 말씀하셨느니라 네 마음이 하나님의 마음 같은 체하였으니

07 그런즉 내가 이방인 곧 여러 나라의 강포한 자를 거느리고 와서 너를 치리니 그들이 칼을 빼어 네 지혜의 아름다운 것을 치며 네 영화를 더럽히며

08 또 너를 구덩이에 빠뜨려서 너를 바다 가운데에서 죽임을 당한 자의 죽음 같이 바다 가운데에서 죽게 할지라

09 네가 너를 죽이는 자 앞에서도 내가 하나님이라고 말하겠느냐 너를 치는 자들 앞에서 사람일 뿐이요 신이 아니라

10 네가 이방인의 손에서 죽기를 할례 받지 않은 자의 죽음 같이 하리니 내가 말하였음이니라 나 주 여호와의 말씀이니라 하셨다 하라

11 여호와의 말씀이 또 내게 임하여 이르시되

12 **인자야 두로 왕을 위하여** 슬픈 노래를 지어 그에게 이르기를 주 여호와의 말씀에 너는 완전한 도장이었고 지혜가 충족하며 온전히 아름다웠도다

13 네가 옛적에 하나님의 동산 에덴에 있어서 각종 보석 곧 홍보석과 황보석과 금강석과 황옥과 홍마노와 창옥과 청보석과 남보석과 홍옥과 황금으로 단장하였음이여 네가 지음을 받던 날에 너를 위하여 소고(小鼓)와 비파(琵琶)가 준비되었도다

14 **너는 기름 부음을 받고 지키는 그룹임이여** 내가 너를 세우매 네가 하나님의 성산에 있어서 불타는 돌들 사이에 왕래하였도다

15 네가 지음을 받던 날로부터 네 모든 길에 완전하더니 마침내 네게서 불의가 드러났도다

16 네 무역이 많으므로 네 가운데에 강포가 가득하여 네가 범죄하였도다 너 지키는 그룹아 그러므로 내가 너를 더럽게 여겨 하나님의 산에서 쫓아냈고 불타는 돌들 사이에서 멸하였도다

17 네가 아름다우므로 마음이 교만하였으며 네가 영화로우므로 네 지혜를 더럽혔음이여 내가 너를 땅에 던져 왕들 앞에 두어 그들의 구경거리가 되게 하였도다

18 네가 죄악이 많고 무역이 불의하므로 네 모든 성소를 더럽혔음이여 내가 네 가운데에서 불을 내어 너를 사르게 하고 너를 보고 있는 모든 자 앞에서 너를 땅 위에 재가 되게 하였도다

19 만민 중에 너를 아는 자가 너로 말미암아 다 놀랄 것임이여 네가 공포의 대상이 되고 네가 영원히 다시 있지 못하리로다 하셨다 하라

1) 사탄의 최초의 상태

타락 이전에 사탄은 '지키는 그룹'이었습니다. 성막에서 하나님의 언약궤를 덮고 있는 천사, 즉 하늘나라에서는 하나님의 보좌를 섬기는 최고의 천사였던 것입니다. 그리고 그는 기름 부음까지 받았는데(14절), 이는 하나님의 특별한 임무를 수행하는 선택된 자에게 부어지는 의식이었습니다. 성경에서 천사에게 기름을 부은 적은 거의 찾아볼 수 없음에도 불구하고 그만은 예외로 적용되었던 것입니다. 그가 지음을 받던 날에는 그를 위하여 '소고(小鼓)와 비파(琵琶)'가 준비되었을 정도였습니다. 이처럼 그는 천사였음에도 불구하고 하나님의 특별한 사랑과 신임을 받았던 자였습니다.

그리고 그가 옛적에 하나님의 동산 에덴(하늘나라를 상징하는 말로 지구의 에덴동산과는 다른 곳)에 있을 때, 각종 보석으로 단장하고(13절) 있었습니다. 이는 그의 아름다움과 동시에 하나님의 사랑을 듬뿍 받았음을 의미합니다. 그는 창조될 때부터 전혀 부끄러워할 만한 것이 없었습

니다. 즉 외모나 지혜나 풍성함이나 사랑의 부족에서 오는 부끄러움이 전혀 없었다는 것입니다. 그는 완전하였고 지혜가 충족하며 온전히 아름다웠습니다.(12절) 이 모든 것은 성경에 기록된 하나님의 정확 무오한 판단입니다. 하나님께서는 성경에서 이런 표현들을 사용하셔서 사탄은 아무런 문제없이 잘 만들어 졌음을 강조하시고 계시는 것입니다. 그러나 지음 받던 날로부터 모든 것이 완전하였던 '지키는 그룹'이 마침내 불의를 저지르고 말았습니다(15절). 참으로 완벽했던 그가 도대체 왜 불의를 저질렀을까요?

2) 사탄의 배반 동기

사탄이 하나님의 은총을 배반한 이유를 성경은 드디어 공개하기 시작합니다. 그의 배반 동기는 오직 하나였습니다. 그것은 바로 **신으로 인정받고 싶은 욕망 때문이었습니다.**

> "…네 마음이 교만하여 말하기를 나는 신이라 **내가 하나님**
> **의 자리 곧 바다 가운데에 앉아있다 하도다**"(2절)

피조물의 자리라고 할지라도 거의 모든 것을 향유할 수 있었건만, 왜 신에 대한 욕심이 그를 삼켜버리고 말았던 것일까요? 2절을 통해서 볼 때, 사탄은 이미 자신을 하나님이라고 스스로 인정하고 있을 정도로 과도한 자신감과 자기도취에 빠져 있었던 것 같습니다. 그러나 그 어디에서나 한 나라에 두 왕이 있을 수 없듯이, 사탄도 하늘나라에서 창조주 하나님이 계속 존재하시는 한 자신이 진정한 왕이 될 수 없다고 생각했습니다. 그래서 하늘에서 전쟁을 일으켜 하나님을 몰아내고 자신이 왕이 되기로 결심한 것입니다.

그렇다면, 사탄이 하늘 전쟁에서 이길 수 있을 것이라는 자신감과 자신이라면 충분히 하나님이 될 수 있을 것이라고 착각한 근거들은 과연 무엇일까요? 그리고 왜 그는 그토록 하나님의 자리에 오르고 싶어 했을까요?

첫째, 그는 너무나 아름다웠습니다. (교만)

"네가 아름다우므로 마음이 교만하였으며…"(17절)

아름다움은 하나님의 특별한 선물 중에 하나입니다. 그리고 계명성은 모든 천사들 중에 가장 아름다운 천사였습니다. 하나님께 가장 큰 사랑을 받았다는 증거이지요. 그렇다면 그는 당연히 이러한 선물을 통해 하나님께 감사 돌리는 생활을 해야 했습니다. 그리고 더욱 겸손해야 했습니다. 그 아름다움은 자신이 노력해서 얻은 것이 아니라 하나님이 주신 선물이었기 때문입니다.

그러나 계명성은 자신의 아름다움을 교만으로 바꾸어 버렸습니다. 자신이 생각해도 너무나 아름다웠기에 자신은 다른 천사들에게 늘 사랑과 존경을 받아야 마땅하다고 판단한 것이지요. 다른 천사들은 자신만큼 아름답지 못하므로 그들과 똑같이 취급받기 싫어했던 것입니다. 교만의 보편적 현상인 '자신을 특별한 자로 인식하는 것과 타인에 대한 무시함'이 사탄의 경우에도 동일하게 나타난 것입니다.[25]

---

25) 바빙크는 "하나님을 반항하고자 하는 생각과 소원과 뜻은 처음 천사들의 마음속에서 생겼다. 아마 교만이 첫째 죄요 그들의 타락의 시초요, 원리였을 것이다."라고 한다.(『하나님의 큰일』, 기독교문서선교회, 1998, p.211.)

둘째, 그는 영화로웠습니다.(더러워진 지혜)

"...네가 영화로우므로 네 지혜를 더럽혔음이여"(17절)

영화로움이란 말은 번쩍이고 빛나며, 화려하고 훌륭하며, 그리고 탁월한 상태를 나타낼 때 사용합니다. 성경의 기록을 살펴볼 때, 계명성은 모든 면에 있어서 피조물 중에서는 가장 영화로웠던 존재입니다. 하나님께서 실제로 그를 가장 영화로운 피조물로 창조하셨기 때문입니다. 그러나 그는 서서히 자신의 영화로움을 다른 목적을 위해 사용합니다. 피조물로써의 영화로움에 만족하지 못하고 신적인 영화로움을 탐내기 시작했던 것입니다. 사탄은 자신의 영화로움 정도라면 충분히 다른 천사들의 존경과 섬김을 받기에 합당하다고 착각한 것입니다. 다른 모든 천사들이 오직 하나님만을 향해 드리고 있던 사랑과 존경과 섬김과 경배를 이제 자신도 받을 자격이 있다고 착각한 것입니다. 이러한 불만을 품은 계명성은 피조물의 한계와 하나님과의 영적인 질서를 깨뜨리고자 하는 의지를 발동하게 되었고, 하나님이 주신 자신의 지혜를 스스로 더럽혀 자신의 주인을 배반하기 위한 더러운 계획을 세우게 되었습니다. 자신에게 주어진 탁월한 지혜를 사용하여 더러운 목적을 이루고자 했던 것입니다. 사탄은 자신이 신이 되고자 하는 욕망에 의해 하나님을 잘 섬기라고 주어진 지혜를 더럽히고 말았던 것입니다.

셋째, 그의 무역이 풍성하였습니다.(장차 강포, 폭력, 불의한 방법을 동원하게 됨)

"네 무역이 많으므로 네 가운데에 강포가 가득하여 네가 범

죄하였도다"(16절)

　무역이 많다는 것은 무슨 말일까요? 하늘의 천사들이 무슨 상품 거래나 장사라도 하는 것일까요? 천사들이 무역을 한다는 것을 쉽게 말하자면, 모든 천사들이 하나님을 향하여 찬양과 경배와 예배와 영광과 존귀와 감사와 기도를 올려드리면, 계명성은 이를 중간에서 받아 하나님께 올려 드리고, 하나님께서는 피조물의 섬김에 합당한 칭찬과 은혜와 선물들을 다시 그의 피조물들에게 선사하시는 일련의 모습을 설명하는 표현입니다. 즉, 이 땅 사람들이 서로 여러 상품들을 사고팔며 거래하듯이, 하늘나라에서도 하나님과 여러 천사들이 서로 하나님이 주신 여러 은사들을 나누며 칭찬하고 감사하며 존경하고 사랑을 나누는 것을 의미합니다.

　천사들에게 있어 서로를 향한 무역, 즉 나눔도 중요하겠지만, 그러나 가장 중요한 것은 하나님을 향한 무역일 것입니다. 계명성은 하나님의 가장 가까운 곳에서 그 분을 섬겼기에, 모든 천사들이 하나님을 향하여 올리는 감사와 영광과 찬송을 받아서 하나님께 그대로 전달하는 역할을 담당했던 것으로 보입니다. 참으로 중대한 직책이었던 것입니다. 그는 오늘날의 소위 대통령 비서실장과 같은 역할을 담당했었던 것입니다. 대통령에게 전달되는 모든 편지와 소포와 의견, 그리고 감사와 칭찬은 일단 비서실장의 점검을 거친 후에 대통령에게 전달되듯이, 사탄도 타락 이전에는 이러한 막중한 임무를 수행한 것으로 보입니다. 그는 천사들로부터 받은 모든 것들을 하나님께 그대로 전달하여야 했고, 동시에 하나님께서 천사들에게 선사하신 선물들을 잘 전달하여야 했습니다.

　그러나 18절에서 알 수 있듯이 그는 이 중간 과정에서 불의한 방법을 동원하고 맙니다. 즉 의롭지 못한 방법을 사용하여 중간에서 그 무역품

들을 가로채었던 것입니다. 하나님과 그의 천사들 사이에 일어나는 영적
인 무역품들을 가로채어 자신이 받아 누렸던 것입니다. 자신은 그러한
짓을 해도 합당하다고 여긴 것 같습니다. 왜냐하면 이제 서서히 스스로
를 신적인 존재로 착각하고 있었기 때문입니다. 모든 영광과 칭찬이 하
나님께만 돌려지는 것이 못마땅했던 것입니다.

그는 이 더러운 목적을 이루기 위해 천사들 사이에 심지어 폭력까지
동원한 것으로 생각됩니다. 왜냐하면 16절 말씀을 자세히 살펴볼 때, "강
포"라는 단어가 나타나기 때문입니다. 표준 새 번역 한글성경은 다음과
같이 이 구절을 표현하고 있습니다.

> "물건을 사고파는 일이 커지고 바빠지면서 너는 **폭력과 사
> 기를** 서슴지 않았다. 그래서 내가 너를 더럽게 여겨, 하나님의
> 거룩한 산에서 쫓아냈다. 너를 지키는 그룹이, 너를 불타는 돌
> 들 사이에서 추방시켰다."(겔 28:16)

조직폭력배들이 자신의 더러운 이익을 위해서 수단과 방법을 가리지
않고 폭력과 살인까지 저지르며 목적을 이루고 말듯이, 사탄 역시 그러
한 방법으로 다른 천사들에게 폭력과 강포를 휘두른 것입니다. 그리하여
그는 범죄 하였고, 이 일이 드러나게 되자 반역을 일으켰지만, 하늘의
전쟁에서 패배하여 다른 그룹들에 의해 쫓겨나게 되고 말았습니다. 더러
워진 사탄은 "하나님의 거룩한 산"에서 쫓겨났으며, "불타는 돌들 사이에
서 추방"됨으로 인해 이전의 영화로움을 모두 잃어버리고 말았던 것입니
다.

> "네가 다니엘보다 지혜로워서 은밀한 것을 깨닫지 못할 것

이 없다 하고 네 지혜와 총명으로 재물을 얻었으며 금과 은을
곳간에 저축하였으며 네 큰 지혜와 네 무역으로 재물을 더하
고 그 재물로 말미암아 네 마음이 교만하였도다"(겔 28:3-5)

사탄은 자신의 지혜를 과신하고 있었습니다. 에스겔 28장 3-5절의 내
용은 당시의 사탄의 계획과 생각, 그리고 범죄 사실을 잘 보여 주고 있
습니다. 자신의 지혜에 대한 과신은 결국 은밀한 것을 깨닫지 못할 것이
없다고 생각할 만큼 그를 교만하게 만들었습니다. 그리고 그의 지혜로
많은 금과 은을 곳간에 저축하였다고 믿었습니다. 이 모든 무역의 많음
이 자신의 지혜와 총명함으로 인해 얻은 것으로 여기게 되었습니다. 결
국 아름다움의 경우와 같이 이 재물들로 인하여 그의 마음은 교만에 이
르게 되었습니다. 사탄은 이렇게 하나님 앞에 죄를 짓고 하나님을 배반
하였던 것입니다. 있어서는 안 될 일이 발생하고 말았습니다.

제6장 피조물 최고의 범죄

1. 창조주와 피조물

하나님이 창조하신 피조물에는 인격적인 피조물과 비인격적인 피조물이 있습니다. 비인격적인 피조물은 생명이 있는 피조물과 생명이 없는 피조물로 나눌 수 있으며, 생명이 있는 피조물은 다시 짐승과 새와 각종 곤충들, 식물들로 구분할 수 있습니다. 그렇다면 인격적인 피조물은 어떻게 구분할까요? 하나님이 우주 속에 창조하신 인격적인 피조물은 단 두 부류만 존재하는데, 바로 인간과 천사입니다. 주님의 창조세계 속에는 천사와 인간 외에 다른 인격적인 피조물이 결코 존재하지 않는다고 성경은 말씀하고 있습니다.[26]

---

26) 혹자들은 외계인의 존재 가능성을 믿는 자들이 있다. 그러나 외계인은 너무나 명확하게도 비성경적인 존재이다. 지금까지 지구에 찾아왔다고 하는 외계인들은 한 번도 창조주 하나님을 고백한 적이 없다. 오히려 자신들을 가리켜 지구와 인간을 만든 창조주라고 하고 있다. 하나님이 창조하셨을 가능성 있는 외계인은 한 번도 지구를 방문한 적이 없는 것이다. 성경은 자신을 가리켜 하나님이라고 하는 자는 사탄밖에 없다고 명확하게 말씀하신다. 혹시라도 하나님이 외계인을 만들었을 가능성이 있지 아니한가라고 질문할 수 있지만, 만약 그렇다면 그들이 인간들과 같이 죄를 지었을 때, 예수 그리스도께서 또 다시 그들을 위해 돌아가셔야만 하는가? 수많은 은하의 별 들 중에 수많는 외계인이 창조되었다면, 예

모든 피조물 중에 가장 중요한 대상은 인격적인 피조물입니다. 인격적인 피조물에게는 비인격적인 피조물과는 비교되지 않을 정도로 소중한 영혼과 영생이라는 선물이 주어졌습니다. 그리고 이러한 인격적인 피조물에게는 지성과 감성 외에 의지의 자유라는 인격적인 요소가 부여되었습니다. 그러나 그 대신 자신들이 선택한 결정들과 행동들에 대한 책임도 져야 했습니다. 자유가 주어진 만큼 그에 따른 책임도 부가되는 것입니다. 그러나 인격적인 피조물들은 의지의 자유를 남용하여 자신들의 목적을 이루지 않아도 되는 상황에 놓여 있었습니다. 다시 말해 그들은 큰 책임을 질 수도 있는 위험한 일들을 감행하지 않아도 되는 형편에 있었다는 말입니다. 왜냐하면 하나님께서는 인격적인 피조물들에게 너무나도 좋은 환경들과 풍성함을 주셨기 때문입니다. 그 무엇 하나 부족함이 없었기 때문입니다. 그들은 하나님이 주신 선물들을 향유하고 감사하며 그저 누리기만 하면 되었습니다. 부정한 방법을 동원하여서라도 성취해야만 하는 일들이 전혀 존재하지 않았던 것입니다. 모든 것이 풍부하고 만족스러운 상황이었기 때문에 부정한 방법을 위한 의지의 발동은 전혀 필요치 않았던 것이며 상상도 할 수 없는 일이었습니다.

그러나 이렇게 모든 것이 훌륭히 잘 갖추어진 상황에서도 만약 누가 불법을 행했다고 한다면, 그는 자신의 본성에 거슬리는 의지를 발동한 것이라고 생각할 수 있을 것입니다. 정상적인 인격으로서는 당시와 같은 최적의 환경 속에서 결코 죄를 지을 수 없기 때문입니다. 그러므로 인격적인 피조물로 하여금 죄를 짓고자 하는 욕망을 일으킨 원인이 있다면, 그것은 피조세계 속에는 존재하지 않는 것이 분명합니다. 왜냐하면 피조세계 속에서는 그 어떤 것이라도 원하는 대로 얻을 수 있기 때문입니다. 그러므로 모든 것이 충족된 피조세계 속에서 죄를 지었다는 것은 그 원

수님은 도대체 몇 번을 더 십자가에 달여 돌아가셔야 한단 말인가?

인이 피조물에게는 전혀 존재하지 않는, 창조주에게만 있는 그 무엇이었음이 분명합니다.

그렇다면 그것은 과연 무엇이었을까요? 피조물로 하여금 자신을 만드신 하나님을 배반할 만큼 위험한 의지를 발동하게 할 정도로 강하게 유혹한 그 실체는 무엇일까요? 그것은 다름 아닌 바로 창조주 하나님의 왕권을 상징하는 하나님의 보좌였습니다. 피조세계 속에서는 도저히 얻을 수 없는 자리, 바로 세상에서 유일한 자리인 창조주의 자리에 오르는 일이었던 것입니다. 다시 말해, 피조물이 창조주가 되고 싶어 하는 유혹이었습니다. 이것 외에는 그 어떠한 것도, 모든 것이 풍족한 피조세계 속에서 그들을 유혹할 수 있는 것이 없었기 때문입니다. 그러나 하나님의 보좌를 얻는 일이 과연 가능한 일일까요? 피조물이 감히 창조주가 될 수 있는 것일까요?

이제 우리는 창조주와 피조물 사이에 정해진, 변할 수도 없고 깨질 수도 없는 영원불변의 중요한 영적인 법칙 하나를 깨달아야 합니다. 그것은 바로, '피조물은 절대로 창조주가 될 수 없다.'는 사실입니다. 김남준 목사는 "비록 하나님께서 존재하는 모든 피조물을 만드신 분이시지만, 어떤 의미에서든지 창조주이신 하나님과 피조물인 피조세계는 하나일 수 없다는 것입니다. 하나님은 하나님이고 피조물은 피조물일 뿐입니다. 양자는 서로에 대하여 전적인 타자(wholly other)입니다. 하나님은 결코 피조세계의 일부분이 되실 수 없고 피조세계 역시 결코 하나님의 일부가 될 수 없다는 것입니다."27) 라고 하여 창조주와 피조물 사이의 관계를 명확히 구분 짓고 있습니다. 그러나 사탄과 최초의 인류들은 이러한 절대불변의 영적인 법칙을 애써 깨뜨리려고 했던 것입니다.

---

27) 김남준, 『구원과 하나님의 계획』,(부흥과 개혁사, 2004), p.21

06 그러므로 나 주 여호와께서 이같이 말씀하셨느니라 네 마음이 하나님의 마음 같은 체하였으니

07 그런즉 내가 이방인 곧 여러 나라의 강포한 자를 거느리고 와서 너를 치리니 그들이 칼을 빼어 네 지혜의 아름다운 것을 치며 네 영화를 더럽히며

08 또 너를 구덩이에 빠뜨려서 너를 바다 가운데에서 죽임을 당한 자의 죽음 같이 바다 가운데에서 죽게 할지라

09 네가 너를 죽이는 자 앞에서도 내가 하나님이라고 말하겠느냐 너를 치는 자들 앞에서 사람일 뿐이요 신이 아니라

10 네가 이방인의 손에서 죽기를 할례 받지 않은 자의 죽음 같이 하리니 내가 말하였음이니라 나 주 여호와의 말씀이니라 하셨다 하라 "(겔 28:6-10)

6절에서 하나님은 두로 왕의 마음을 밝힘으로 당시에 사탄의 생각이 무엇이었는지를 알려 주고 있습니다. 즉 사탄은 자신의 마음을 하나님의 마음과 같은 체하며 스스로 최면을 걸었던 것입니다. 자아도취에 빠진 것입니다. 그리고 9절에 보면 "내가 하나님이라고 말하겠느냐"라고 기록되어 있는데, 심지어 사탄은 자신을 하나님이라고 일컫기까지 했었다는 사실을 알 수 있습니다.

2. 용서받지 못할 죄

이 땅에는 여러 모습들의 죄들이 있습니다. 경범죄도 있고 중범죄도 있으며, 벌금형으로 끝날 수도 있지만 무기 징역이나 사형으로 다스려야만 하는 죄도 있습니다. 누구든지 죄의 경중에 따라 그에 합당한 벌을

받아야 한다는 것은 하나님이 제정하신 분명한 질서입니다. 그러나 비록 죄를 지은 자라 할지라도 다른 이유로 인해 용서함을 받으면 그 후에는 더 이상 그에 대한 징계를 받지 않아도 될 것입니다. 왕이 다스리는 어떤 나라에 살인을 범한 자가 있다고 할지라도 그 나라의 왕이 특별사면을 지시한다면 그는 용서받아 자유의 몸이 될 수 있습니다. 인간들 사이에 일어날 수 있는 가장 큰 범죄인 살인죄라 할지라도 왕이 용서하면 풀려날 수도 있었던 것입니다.

그러나 그 어떤 경우에도 용서를 받지 못하는 죄목이 있었습니다. 그것은 백성을 위해 헌신하고 노력하며 은혜 베풀기를 주저하지 않는, 자신이 은혜 받으며 살고 있는 그 나라의 왕에게 반역의 칼을 들이대는 일일 것입니다. 혹, 악한 왕이거나 너무 무력하여 백성들을 고난에 빠뜨리는 왕이라면 반역을 어느 정도 이해할 수 있겠지만, 그렇지 않고 의로운 왕임에도 불구하고 오직 자신의 욕심을 채우기 위해 은혜를 원수로 갚는 배반자가 있다면, 그 나라의 왕이라 할지라도 결코 그를 용서하지 않을 것입니다. 결국 한 나라의 의로운 왕을 불법적으로 제거하고 나라를 전복시키려는 반역자들이 바로 결코 용서받지 못할 자들인 것입니다.

사탄의 반역이 바로 의로운 왕의 은혜를 원수로 갚는 행위였습니다. 하나님이 선물로 주신 은혜의 칼을 그분의 목에 들이대는 것과 같은 범죄였습니다. 아무리 긍휼이 풍성하시고 용서하시기를 기뻐하시는 하나님이시라 할지라도 반역죄만큼은 도저히 용서할 수 없는 죄였습니다. 사탄은 아주 적극적으로 하나님을 배반하였습니다. 하나님에게 어떤 불만이 있어서 죄를 지은 것도 아닙니다. 그에게 무언가 부족한 것이 있어서도 아니었습니다. 그는 모든 것이 풍족하였으며 아쉬운 것이 없는 존재였습니다. 그런 그가, 다른 분도 아닌 자신을 만들어 주신 하나님을 향하여 칼을 들이대고 그의 자리를 내어 놓으라고 덤볐으니, 상상만 해도 정말

끔찍한 일이며 동시에 도저히 용서할 수 없는 일이었습니다.

결국 하나님께서는 사탄과 타락한 천사들로 하여금 영원히 용서받지 못할 자들로 정죄하심으로 인해, 피조물이 지을 수 있는 최고의 범죄, 즉 하나님께조차 용서받지 못할 그 죄가 무엇인지를 성경을 통해 분명히 알려 주셨습니다. 바로 "피조물이 지을 수 있는 최고의 죄는 피조물이 감히 창조주 하나님이 되려고 하는 것이다."라는 사실입니다. 자식이 부모에게 지을 수 있는 가장 큰 죄는 불효일 것입니다. 남편이 아내에게 지을 수 있는 최고의 죄는 간음죄일 것입니다. 모두 은혜를 원수로 갚는 믿음을 배신하는 행위이기 때문입니다. 사탄은 자신이 만물의 왕이 되기 위해 자신을 만드신 하나님의 은혜를 저버렸습니다. 피조물 최고의 범죄가 무엇인지에 대한 성경적인 해석이 이 글의 핵심사항 중에 하나입니다. 피조물은 결코 창조주가 될 수 없다는 이 사실은 선악과 사건을 이해하는 데 결정적인 역할을 담당하기 때문입니다.

리처드 마우는 『왜곡된 진리』에서 사탄의 죄가 어떠한 유형의 죄악인지를 잘 설명하고 있습니다. "사탄은 하나님과 같다는 표현이 뜻하는 바에 대해 다른 의미를 제시한다. 바로 하나님의 자리를 찬탈하는 자라는 것이다. 여기서 '찬탈자'(pretender)라는 말은 '왕의 자리를 노리는 자'라는 의미이다. 이 의미에서 인간은 하나님의 자리에 서겠다고 주장하고 스스로 주도권을 잡는다. 뱀은 하나님이 만드신 것을 십분 활용(악용 -편집자 주)하고 있었다. 아담과 하와는 이미 하나님의 형상을 닮은 자였기 때문에 이 사실만으로도 하나님의 자리를 찬탈하고자 하는 유혹을 받을 수 있었다. 하나님의 자리에 앉겠다는 왜곡된 욕망은 그들이 그 왕자의 영광을 이미 반영하고 있었다는 이유 때문에 더욱 강했다."[28]

사탄은 결국 가지 말아야 할 곳까지 가고야 말았습니다. 그 어느 누구

---

28) 리처드 마우, 『왜곡된 진리』,(CUP, 1999), p.62-64.

도 침범할 수 없는 신성한 자리, 그 어떤 피조물도 감히 넘봐서는 안 되는 신성불가침의 자리, 바로 거룩한 하나님의 자리에 사탄이 겁 없이 오르고자 했던 것입니다.

하나님은 그의 이런 악한 의도와 계획을 발견하시고 즉각적으로 반응하셨습니다. 그의 교만한 마음을 철저히 낮추어야 했습니다. 그를 한없이 부끄럽게 해야 했습니다. 그에게 허락하신 모든 지혜의 아름다움을 더러움 가운데 빠뜨리셔야 했습니다. 마침내 그는 하늘에서 쫓겨나게 되었던 것입니다. 그러나 그는 절대로 그의 야망을 포기하지 않고 있습니다. 이러한 사탄의 광적인 집착을 잘 아시는 하나님께서는 결국 두로 왕의 교만에 대한 심판의 말씀을 통해서 아직도 하나님이 되고자 하는 야망을 버리지 못한 사탄의 교만을 철저히 낮추시고 있는 것입니다.

하나님은 두로 왕의 교만을 낮추기 위해 열국을 동원하셨습니다. 여러 나라들 중에 강하고 난폭한 군인들을 거느리고 와서 두로 왕을 쳤으며, 그들의 칼로 두로 왕의 지혜의 아름다운 것과 그의 영화를 더럽히게 했습니다. 또한 그를 구덩이에 빠뜨려서 그로 바다 가운데에서 죽임 당한 자의 죽음 같이 바다 가운데에서 죽게 하였던 것입니다.

그러나 두로 왕에게 적용된 이러한 형벌은 사탄에게 이미 적용된 형벌이었습니다. 여전히 신이 되고자 하는 야망을 버리지 못한 사탄이 두로 왕의 배후에서 그 옛날 자신의 야망을 실현시키고자 하는 의도를 하나님이 파악하시고 다시 한 번 그의 헛된 꿈을 깨어버리고자 하신 것입니다. 두로 왕에게는 여러 나라가 찾아와서 그를 황폐화시켰지만 사탄에게는 그 옛날 하늘의 천군천사들이 찾아와서 그와 악한 무리들을 하늘나라에서 물리치고 거룩한 하나님의 산에서 내쳤던 것입니다.

결국 하나님께서는 사탄과 반역한 천사들에게 영원히 용서받을 수 없는 죄로 심판하셨습니다. 그들은 아담이 에덴동산에서 쫓겨난 것처럼 하늘나라에서 쫓겨나게 되었고, 영원한 형벌을 맞이하게 되었습니다. 이것은 피조물이 받을 수 있는 최고의 형벌입니다. 피조물이 더 이상, 그리고 영원히 자신을 만드신 창조주를 만날 수 없게 되는 것보다 더 큰 형벌은 없는 것입니다.

제7장 인류를 보호하기 위한 하나님의 계획

사탄은 하늘에서의 범죄로 인해 하나님과 원수가 되었습니다. 하나님의 가장 큰 사랑을 받던 자가 하루아침에 가장 미워하는 원수가 된 것입니다. 원수가 됨으로 인해 사탄은 하나님이 행하시는 모든 일을 미워하며 방해하고자 하는 계획을 세워 나갑니다. 이제 인류를 향한 사탄의 맹렬한 공격이 예상되는 것입니다.[29]

1. 사탄의 방문을 예견하신 하나님

누군가 서로 원수의 관계가 되면 상대방이 사랑하고 아끼는 모든 것들을 파괴하고자 하는 악한 의지를 가지게 됩니다. 하나님과 원수의 관

---

29) 에릭슨은 "히브리 이름인 사탄은 '대적자' 혹은 '대적자로 행동하는'이라는 뜻을 지니고 있다.…따라서 그는 적대자, 즉 하나님과 하나님의 백성들의 목적을 반대하는 자이다.…이름이 가르쳐 주듯이 마귀는 하나님과 그리스도의 사역을 반대하는 일에 종사한다. 그는 사람을 미혹함으로써 특별히 이 일을 행한다."라고 한다. (밀라드.J.에릭슨, 『복음주의 조직신학』, 크리스천 다이제스트, 1997, p.509-510.)

계가 되어버린 사탄도, 전쟁의 패배와 하나님으로부터 받은 형벌로 인해 더욱더 잔인하고 난폭해졌습니다. 그러나 하나님을 결코 직접 이길 수 없다는 사실을 깨달은 사탄은 공격목표를 잠시 수정하게 됩니다. 바로 하나님이 사랑하시는 인간들을 자신과 같이 하나님을 배반하고 타락하도록 유혹함으로써 하나님을 가장 아프게 만들고자 한 것입니다. 이러한 사탄의 모든 계획을 미리 아셨던 하나님께서는 아담과 하와를 지키기 위하여 특별한 보호 장치를 마련하셔야만 했습니다. 사탄의 공격에 잘 대비할 수 있도록 인간들을 신속하고 철저하게 잘 훈련시켜야만 했던 것입니다.

우리는 그동안 이 부분에 대해서는 아무도 심각하게 고려하지 않아왔던 것이 사실입니다. 오직 인간의 자유의지의 남용 문제만 부각하여 설명해 왔기에, 대부분의 성도들은 사탄의 공격에 대비해 하나님께서 신속, 정확한 인간 보호 계획을 세우시고 실천하셨다는 엄청난 사실을 전혀 모르고 있습니다. 그러나 자신의 생명보다 인간을 더 소중하게 아끼시는 하나님께서, 인간들이 극심한 위험에 처해 있음에도 불구하고 아무런 조치를 취하지 않았다고 생각하는 것이 오히려 더 비성경적인 생각이라는 것을 철저히 깨닫게 될 것입니다. 동시에 우리는 그동안 생각지 못했던 하나님의 인간들을 향한 섬세한 배려와 돌보심에 다시 한 번 깊은 감사와 감동을 느끼게 될 것입니다.

2. 언제나 인간들을 보호해 주신 하나님

그동안 많은 사람들은 인간에게 선악과나무를 허용하신 하나님의 뜻을 이해함에 있어서 사려 깊지 못한 판단을 해 온 것 같습니다. 선악과라는 죄를 지을 수 있는 근거를 제공한 하나님에 대해서 원망하여 온 것입니다. 전지전능한 하나님께서 인간이 타락할 것을 미리 알고 계셨다면, 왜 그것을 미리 막지 않으셨느냐는 것입니다. 이 의문은 그리스도인이라면 누구나 한번쯤 생각해 본 것입니다. 그렇다면 과연 하나님께서 우리의 의문과 같이 실수를 하신 것일까요?

그러나 성경을 면밀히 연구해 보면, 하나님은 결코 인간이 죄의 유혹에 쉽게 넘어가도록 홀로 내버려 두신 것이 아니라는 사실을 발견하게 됩니다. 우리는 그동안 아담의 타락을 막으시고자 노력하신 하나님의 일에 대해서는 거의 아무런 연구를 하지 않아 왔습니다. 오직 명령을 어긴 아담과 하와의 죄악에만 집중하였던 것이 사실입니다. 그러나 하나님께서는 인간이 타락하기 전에 그 사태를 막으시기 위해 아무 일도 하지 않으신 것이 아니었습니다. 오직 우리의 성경 해석 능력과 그 방법이 서툴고 부족했기 때문에 그동안 잘 발견하지 못한 것뿐입니다. 지금까지 우리에게는 선악과에 대한 부족한 해석만 알려져 왔기에 하나님의 일하심에 대한 오해와 편견을 가지고 있었던 것입니다.

인류에게 원죄가 들어오게 한 선악과 사건은 가볍게 판단하고 넘어갈 일이 결코 아닙니다. 인간을 향한 하나님의 섭리와 뜻을 심각하게 오해할 수 있기 때문입니다. 이제 우리는 모든 신앙의 판단 기준이 되는 성경을 먼저 철저히 분석하고 정확하게 파악하여 이러한 오해들을 풀어야 합니다. 하나님의 거룩한 말씀을 맡은 자의 가장 중요한 임무는 주의 백성들에게 우리의 말과 생각과 뜻을 가르치는 것이 아니라, 하나님의 말씀과 생각과 뜻과 계획을 사람들에게 잘 가르쳐야 하는 것이기 때문입니다.

라반에게서 야곱을 보호하신 하나님

성경의 실제 사건들 속에서, 하나님은 그의 백성들이 위험에 처할 때마다 언제나 주의 사자를 보내어 그들을 지켜 주셨습니다. 야곱이 형 에서를 피해 삼촌 라반의 집에 도망해 있을 때, 삼촌의 집에서 열심히 일을 했음에도 불구하고 전혀 그 대가를 받지 못한 적이 있었습니다. 그때, 하나님은 야곱에게 다음과 같은 지혜를 주셨습니다. 즉, 삼촌과 약조하기를 이후부터 짐승의 새끼들이 태어날 때, 점 없는 것들이 태어나면 삼촌의 소유가 되고, 점 있고 아롱진 것들이 태어나면 야곱의 소유가 되도록 한다는 것이었습니다. 이에 하나님은 야곱에게 짐승들이 교미할 때, 그 앞에 나무들의 껍질들을 벗겨놓도록 하였으며 그 결과 대부분의 짐승들이 아롱진 것과 점 있는 새끼들을 출산하게 되었습니다. 야곱은 하나님의 도우심으로 인해 그동안 받지 못했던 일의 대가를 받을 수 있었으며 많은 재산을 가지게 되었습니다.

그러나 이를 시기한 라반과 그의 형제들이 고향으로 떠나는 야곱을 향해 적개심을 가지고 뒤쫓게 되자 야곱은 또 다시 위기에 처하게 됩니다. 그러자 하나님은 그 날 밤에 삼촌 라반의 꿈에 나타나셔서 다음과 같은 말씀을 하셨습니다. "밤에 하나님이 아람 사람 라반에게 현몽하여 이르시되 너는 삼가 야곱에게 선악간에 말하지 말라 하셨더라"(창 31:24)

그 후 라반이 야곱을 만났을 때에 그는 다음과 같은 말을 하였습니다. "너를 해할 만한 능력이 내 손에 있으나 너희 아버지의 하나님이 어젯밤에 내게 말씀하시기를 너는 삼가 야곱에게 선악간에 말하지 말라 하셨느니라"(창 31:29)

하나님의 백성을 해하고자 하는 자들에게 하나님이 직접 임하셔서 그의 백성을 위험에서 지켜 주신 것입니다. 이처럼 하나님은 그의 백성이 억울한 일을 당하지 않도록 지혜도 주시고 구체적인 방법도 알려 주시는 분이십니다. 또한 악인의 악독함을 제한하여 그의 백성을 직접 지켜 주시는 분이십니다.

에서에게서 야곱을 보호하신 하나님

고향으로 돌아가는 야곱에게는 또 하나의 큰 위험이 기다리고 있었습니다. 바로 형 에서 때문이었습니다. 야곱은 에서를 만날 일로 인해 심적으로 매우 불안하였습니다. 진노가 풀리지 않은 형이 자신을 죽일 수도 있었기 때문입니다. 실제로 에서는 동생이 돌아온다는 소식을 듣고 부하들을 이끌고 나가 그를 해하려고 했습니다. 그러나 이 모든 상황을 잘 아시는 하나님께서는 야곱으로 하여금 길에서 '하나님의 군대'를 만나게 하셨습니다. 바로 천군들이었던 것입니다. "야곱이 길을 가는데 하나님의 사자들이 그를 만난지라 야곱이 그들을 볼 때에 이르기를 이는 하나님의 군대라 하고 그 땅 이름을 마하나임이라 하였더라"(창 32:1-2) 놀랍게도 야곱은 천군, 즉 하나님의 군대로부터 보호를 받고 있었던 것입니다. 만일 에서가 노를 풀지 아니하고 악심을 품어 동생을 죽이고자 했다면, 하나님의 군대가 즉시 투입되어 하나님의 사람 야곱을 보호하기 위해서였던 것입니다. 이처럼 하나님은 하나님 나라를 위해 위험을 무릅쓰고 일한 사람들을 위험 가운데 홀로 내버려 두시지 않으십니다. 언제나 크고 작은 위험으로부터 안전하게 지켜 보호하여 주셨던 것입니다.

모세를 지켜 주신 하나님

또한 하나님은 모세를 향해서도 다음과 같은 약속을 하셨습니다. "내가 사자를 네 앞서 보내어 길에서 너를 보호하여 너를 내가 예비한 곳에 이르게 하리니…내 사자가 네 앞서 가서 너를 아모리 사람과 헷 사람과 브리스 사람과 가나안 사람과 히위 사람과 여부스 사람에게로 인도하고 나는 그들을 끊으리니"(출 23:20,23)라고 말씀하셨던 것입니다. 장차 모세 앞에 펼쳐질 험난한 여정을 보시고 하나님은 그의 사자를 보내어 하나님의 사람 모세를 지켜 주시겠다고 약속하셨던 것입니다.

야곱과 모세의 경우만 보더라도 하나님께서는 그의 백성들을 끔찍이 아끼시고 사랑하시며 보호하시는 분이시라는 사실을 잘 알 수 있습니다. 그렇다면, 장차 사탄이 아담과 하와를 공격하리라는 것을 미리 아시는 하나님께서 어떻게 이토록 위험한 일을 그냥 지켜보시기만 하셨겠습니까? 그러므로 하나님께서 범죄 하기 이전의 아담과 하와에게 아무런 도움을 주신 적이 없다고 생각하는 것은 하나님에 대하여 너무나 무지한 상태에서나 내릴 수 있는 오해인 것입니다. 결국 우리가 내릴 수 있는 성경적인 결론은, 하나님께서 사탄의 유혹을 당할 인류를 위해서 아무 일도 하지 않으신 것이 아니라, 가장 안전하고 확실한 여러 보호 장치를 분명히 준비하셨을 것이라는 확신입니다. 그렇다면 하나님의 보호 장치란 무엇이며 어떤 것들이 있을까요?

위험이 닥쳐올 때

인간보다 월등히 뛰어난 영적인 능력을 소유한 존재들이 육체라는 한계성을 벗어날 수 없는 연약한 인간들을 해하고자 하는 급박하고 위험한 상황에서 하나님은 인간들을 보호하기 위해 여러 가지 조치를 취하여야만 했습니다. 먼저 아담과 하와에게 이러한 사탄의 위협을 알려야만 했습니다. 위험이 닥쳐올 때, 그 무엇보다 중요한 것은 그 위험을 신속 정확하게 알리는 일일 것입니다. 그래야만 그 위험에 대하여 잘 대비할 수 있기 때문입니다. 그리고 그 후에 인간들을 위한 특별한 보호 장치도 마련해야만 할 것입니다.

미리 결론을 말하자면, 하나님은 사탄의 공격으로부터 인간을 보호하시기 위해 '선악을 알게 하는 나무'를 동산 중앙에 두시기로 하셨습니다. 그렇다면 우리는 이 사실을 어떻게 인정할 수 있습니까? 어떻게 선악과 나무가 인간을 위한 보호 장치가 되는 것일까요? 선악과나무를 통한 하나님의 일하심에 대하여 성경을 면밀히 살펴본다면 이 문제에 대한 정확한 해답을 얻을 수 있을 것입니다.

3. 문맥을 통해 살펴 본 하나님의 보호 장치

선악과 사건이 등장하는 창세기 2장 9절부터 뱀의 유혹이 시작되는 3장 1절 이전까지의 성경의 기록을 살펴보면, 전혀 문맥의 흐름과 분위기에 맞지 않는 말씀들이 기록되어 있다는 사실을 발견하게 됩니다. 이러한 문맥적으로 어울리지 않는 표현들은 성경 기록상 특별한 목적을 가지고 있는데, 서로 어울릴 수 없는 특별한 문제가 발생하였기 때문에 일어나는 현상입니다. 문맥적 어색함은 문자 이면의 또 다른 상황을 표현하시려는, 하나님이 자주 사용하시는 성경 기록 방법이기에, 우리는 문맥이 왜 어색한지에 대한 구체적인 원인을 발견하기 위해 최선을 다해야 합니다. 이것이 하나님께서 우리에게 의도하시는 것이기 때문입니다. 그리고 그것을 발견한 후에는 그 문맥이 어색함을 벗어버리게 되고, 결국 너무나 자연스러운 문맥으로 변화하게 됩니다. 어색함을 해결하게 되면 새로운 내용이 발견되기 때문입니다. 이제 선악과 사건에 등장하는 어울리지 않는 문맥적 흐름을 찾아보겠습니다.

첫째, 동산 중앙에 전혀 어울리지 않는 두 나무가 함께 있었다는 사실입니다. 즉 생명나무와 죽음나무(선악을 알게 하는 나무의 열매를 먹으면 사망이 임하기 때문에)가 동시에 서 있었다는 것입니다. 완전히 대조되는 두 나무를 같은 장소에 세우신 것은 분명히 하나님의 특별한 목적이 있기에 가능한 일일 것입니다. 그렇다면 그 이유는 무엇일까요?

둘째, 에덴동산을 창설하시고 사람들을 그곳에 두셨으며 모든 좋은 나무들을 만드시고 그 열매들을 식물로 주셨던 생명의 하나님께서 갑자기 죽음에 대한 말씀으로 그들에게 경고하셨다는 사실입니다. 이제 막 탄생하여 크게 기뻐하며 즐거워하는 아담과 하와에게 선악과 언약을 어기면 '반드시 죽으리라'는 죽음에 대한 경고를 내리신 것은 전혀 생명탄생의 영적인 분위기와 어울리지 않는 표현인 것입니다.(창 2:17) 생일날에는 탄생에 대한 축하를 해야 하는 것이 상식이기 때문입니다. 만물이 처음으로 생겨나고 소생하는 시점에서 죽음이라는 형벌의 선언은 전혀 맞지 않는 내용이 분명합니다.

세 번째로 나타나는 특이한 점은, 하나님께서 아담에게 하와를 주실 때 하신 말씀을 살펴볼 때 발견할 수 있는데, 그것은 바로 "사람이 혼자 사는 것이 좋지 못하다"는 표현입니다(창 2:18). 그렇다면 이 표현이 왜 문맥에 어울리지 않는 표현이 되는 것일까요? 하나님께서는 이미 창세기 1장 28절에서 아담과 하와에게 "생육하고 번성하여 땅에 충만하라"고 말씀하셨습니다. 그리고 그들에게 땅과 바다와 하늘의 모든 생물들을 다스릴 통치권도 주셨고, 그들에게 식물도 주셨습니다. 이처럼 여섯째 날에 창조된 남자와 여자를 위한 창세기 1장의 분위기는 한마디로 오직 축제의 분위기뿐이었던 것입니다. 그 어떠한 부정적인 표현도 전혀 등장하지 않습니다. 하나님이 지으신 만물은 모두 선하고 아름다웠기에 그 피조물들에게 있어서 부정적인 언급이 전혀 어울리지 않았기 때문입니다. 그리고 창세기 1장의 마지막 절은 분명히 "하나님이 지으신 그 모든 것을 보시니 보시기에 심히 좋았더라"는 축제와 기쁨의 최고의 강조법으로 기록하고 있기 때문입니다.

이처럼 창세기 1장과 2장에 나타나는 인간 창조의 기사가 전혀 다른 것이 아니라 서로 동일한 목적으로 주어진 것이라면, 그 분위기 역시 동일해야 할 것입니다. 그러나 2장의 인간창조의 분위기는 1장의 분위기와 너무나도 다릅니다. 하나님이 지으신 모든 것이 보시기에 심히 좋았더라는 1장의 평가가 2장에 와서는 '혼자 사는 것이 좋지 않다'라는 새로운 평가를 만나게 되는데, 바로 이 부분이 서로 어색하다는 것입니다. 2장은 1장과는 달리 인간창조의 부정적인 면을 먼저 부각시키고 있는 것입니다. 창조의 완전성을 고려할 때, 독처에 대한 걱정은 6일 창조라는 성경 전체의 분위기와 서로 맞지 않는 것이 분명합니다.

혹자는 단순히 남자에게 여자가 꼭 있어야 한다는 생물학적인 필요를 강조하기 위해 사용한 표현이지 않겠는가라고 질문할 수도 있겠지만, 만약 그렇다면 성경은 동물들을 창조하실 때도 동일한 표현을 사용했었을 것입니다. 그러나 하나님은 동물을 암수로 지으실 때, 결코 독처의 위험성을 경고하지 않았습니다. 그러므로 인간 역시 생육과 번성에 지장이 있을 수 있기 때문에 혼자 사는 것이 좋지 못하다는 표현을 사용했을 것이라는 접근은 성경적으로 설득력이 없게 됩니다. 결국 인간 창조의 때에 사용된 부정적인 표현은, 그 어떤 특별한 의도를 가지고 기록된 것이라는 사실을 암시해 주는 것이 됩니다. 그렇다면, 하나님은 왜 갑자기 아담이 홀로 있는 것을 심히 근심하신 것일까요? 그리고 아담이 혼자 있음으로 인해 일어날 수 있는 독처의 위험성이란 과연 무엇일까요? 생물학적인·위험성이 아니라면 무엇이 그토록 사람에게 위험한 것이었을까요?

네 번째로 특이한 표현은 2장 19절의 말씀인데, "여호와 하나님이 흙으로 각종 들짐승과 공중의 각종 새를 지으시고 아담이 무엇이라고 부르나 보시려고 그것들을 그에게로 이끌어 가시니 아담이 각 생물을 부르는 것이 곧 그 이름이 되었더라"는 본문에서 발견됩니다. 즉, 사탄의 공격이 예상되는 급박한 상황에서 짐승들과 새들의 이름을 짓는 일을 먼저 행하도록 하셨다는 사실입니다. 짐승의 이름을 짓는 일이 뭐가 그리도 급하고 중요한 일이 되기에 그 일을 그토록 서두르셨을까요? 사탄의 모든 공격에서 승리한 후에 지어도 전혀 상관없는 일이지 않을까요? 그러나 하나님은 그렇게 하지 않으셨습니다. 아담으로 하여금 동물들의 이름을 짓도록 하는 일을 급하게 서두르셨던 것입니다. 그러므로 우리는 아담으로 하여금 서둘러 동물들에게 이름을 지어 주도록 하신 하나님의 숨은 의도를 발견해야 하는 것입니다.

결국 범죄 한 천사들의 위협에 대비하여 취하신 하나님의 대응 방법은 특이하게도 한 가지의 대조되는 이미지와 두 가지의 부정적인 표현과 한 가지의 긍정적인 지적인 능력을 통해 장차 다가올 위험을 인간들에게 알리는 방법을 사용하셨다는 사실입니다. 즉, 첫째는 생명나무와 죽음나무라는 서로 대조되는 두 나무를 같은 장소에 세우신 것이고, 둘째는 탄생의 날에 "반드시 죽으리라"는 죽음의 가능성에 대한 어울리지 않는 경고문이었으며, 셋째는 아담에게 돕는 배필을 허락하시면서 말씀하신 "사람이 혼자 사는 것이 좋지 못하니"라는 표현이고, 넷째는 "아담이 각 생물들을 부르는 것이 곧 그 이름이 되었더라"는 급하지도 않은 일을 먼저 서두르셨다는 사실입니다. 이제 이 네 가지 방법이 어떻게 사탄의 공격에 대비한 하나님의 특별한 인간 보호 장치가 될 수 있는지를 살펴보고자 합니다.

4. 생명나무를 통한 보호

"여호와 하나님이 그 땅에서 보기에 아름답고 먹기에 좋은 나무가 나게 하시니 동산 가운데에는 생명나무와 선악을 알게 하는 나무도 있더라"(창 2:9)

그동안 전혀 이상한 점을 눈치 채지 못했었을 수도 있지만, 동산 중앙이라는 한 곳에 서로 정반대의 결과를 가져오는 두 나무가 동시에 서 있다는 것은 분명 그 어떤 특별한 메시지를 전달하고자 하는 의사가 있음을 잘 깨달아야 합니다. 자연의 아름다움은 서로 조화를 이룰 때 더욱 빛나게 됩니다. 빛과 어둠은 서로 같은 곳에서 존재하지 못하는 요소들입니다. 이는 생명과 죽음도 마찬가지입니다. 두 요소는 한 생명체에 동시에 존재할 수 없습니다. 살아 있거나 죽어 있거나 오직 한 가지 모습뿐인 것입니다. 생명나무와 선악과나무 역시 서로 어울리지 않는 두 나무입니다. 그럼에도 그들은 한 장소에서 함께 서 있었습니다. 이것은 과연 무엇을 의미하는 것일까요? 이 두 나무를 통한 하나님의 진정한 메시지는 무엇일까요?

사탄이 아담과 하와를 유혹하여 죄를 짓도록 유도한 것처럼, 우리들의 신앙생활 가운데에도 여러 가지 유혹과 죄짓고자 하는 욕망이 강렬하게 밀려올 때가 있습니다. 특히 내가 지금 가진 것보다 훨씬 더 좋은 것을 얻을 수 있다는 유혹은 누구라도 쉽게 물리칠 수 없을 것입니다. 비록 하나님의 은혜로 인해 지구상의 모든 좋은 것들을 누리고 있었던 인류였지만, 그들에게도 동경의 대상이 있었습니다. 그것은 바로 하나님입니다. 하나님은 무엇이든지 가능하시며 무엇이든지 그가 원하시는 대로 하시는 분이십니다. 하나님은 모든 피조물들의 사랑과 존경을 받는 분이셨습니다. 인간들에게 유일하게 부족한 것이 있다면 바로 하나님의 존귀와 능력, 그리고 그 보좌였습니다. 이러한 사실을 잘 간파한 사탄은 아담과 하와에게 선악과를 먹기만 하면 인간들도 하나님처럼 될 수 있다는 유혹을 하게 됩니다. 평소에 하나님의 능력과 존귀함에 늘 경외심을 갖고 있던 인간들에게 사탄의 이 말은 그들의 귀를 솔깃하게 만들었습니다. 그러나 사탄의 말대로 인간이 하나님처럼 되고자 한다면 하나님의 명령을 어겨야만 했습니다. 즉 반드시 죽으리라는 하나님의 계명이 내려져 있는 선악과를 따 먹어야 했기에, 아담과 하와는 죄를 짓기 전에 많은 고민을 하였을 것입니다. 사탄은 인간들의 이러한 마음을 꿰뚫어 보고 그들에게 거짓말을 더하게 됩니다. "결코 죽지 아니하리라!"

하나님은 사탄이 어떻게 사람들을 유혹할 것인지를 미리 아시고, 선악과나무 옆에 생명나무를 세워 주셨습니다. 인간들이 하나님 말씀의 신실하심을 조금이라도 기억한다면, 사탄의 유혹이 있을 때, 죽음보다는 생명을 택하길 바라신 것입니다. 생명나무를 보면서 어리석은 죽음의 선택을 하지 않도록 도와주시려고 했던 것입니다.

사탄이 제시한 것들이 아무리 강렬하고 좋아 보인다 할지라도, 생명보다 더 소중한 것이 없음을 인간들이 기억하기만 한다면 사탄의 유혹에 결코 넘어가지 않을 것이라고 기대하셨기 때문입니다. 하나님은 유혹의 순간에 아담과 하와로 하여금 그분의 명령을 기억하게 하여 죽음이 아닌 생명을 선택하도록 생명나무를 선악과나무 바로 옆에 두신 것이었습니다. 그렇기에 생명나무는 인간의 타락을 막기 위한 하나님의 보호 장치였던 것입니다.

5. 선악과를 통한 보호 – '반드시 죽으리라'

이제 갓 태어난 아담과 하와에게 주어진 말로써는 전혀 어울리지 않는 표현이 성경에 등장하고 있습니다. 그것은 바로 죽음에 대한 경고의 말씀이었습니다. 비록 민간의 풍습이기는 하지만, 임산부와 아이들은 상갓집에 가지 않는 것이 원칙입니다. 아직 어린 생명들과 앞으로 태어날 새 생명에게 죽음의 영향력이 조금이라도 미치지 못하게 막고자 하는 민간 신앙 때문입니다. 또한 그들에게는 나쁜 말들도 하지 않습니다. 비록 상황이 좋지 않다 할지라도 잘 되기를 바라는 마음이 더욱 앞서기 때문입니다. 또한 새 생명들 앞에서 그들의 죽음에 대한 걱정을 하는 것은 상식에 어긋나는 행동입니다. 왜냐하면 지금은 탄생의 기쁨을 먼저 나누어야 할 시기이기 때문입니다. 이것은 성경 속의 첫 사람인 아담과 하와에게도 마찬가지일 것입니다. 그들 역시 탄생을 축하하는 축제의 분위기 속에서 좋은 말들과 은혜의 말들이 먼저 선포되어야 마땅합니다. 그들은 아직 죽음에 대하여 진지한 고민을 할 필요가 없었기 때문입니다. 그럼에도 불구하고 하나님은 인간들의 죽음의 가능성에 대한 말씀을 중요하게 언급하셨습니다. 에덴동산이라는 생명이 넘치는 곳에서 인간들을 잠시나마 죽음에 대한 공포로 몰아가신 이유는 무엇일까요?

주님 역시 인간 탄생의 축제분위기에 죽음의 표현이 어울리지 않는다는 것을 잘 아셨을 것입니다. 언제나 평화롭기만 하던 에덴동산에 죽음이라는 단어는 전혀 어울리지 않습니다. 그렇기에 비록 아직 두 사람밖에 거하고 있지는 않았지만 죽음이라는 단어는 아담과 하와에게 큰 충격적인 말이었을 것입니다. 영생을 주시기로 작정되었던 인간들에게, 죽을 수도 있다는 가능성조차 전혀 상상해 보지도 못한 인간에게, 선악과를 따 먹으면 반드시 죽음을 피할 수 없다고 단호하게 말씀하신 것은 분명 그들의 뇌리에 강하게 각인되었을 것입니다. 그러나 하나님께서는 생명 탄생의 축제 상황 속이라 할지라도 인간의 죽음에 대한 경고의 말씀을 하시지 않으면 안 되는 분명한 이유가 있었습니다.

우리는 앞에서 도저히 용서받을 수 없는 죄에 대하여 살펴보았습니다. 그것은 다름 아닌 피조물이 감히 창조주가 되려는 범죄였습니다. 반역죄의 결국은 만왕의 왕이신 하나님과의 영원한 결별을 의미하며 지옥에서의 영원한 고통을 상징합니다. 이미 사탄과 그의 악한 영들은 반역죄로 인해 영원한 형벌이 선언되었는데, 때가 되면 결박되어 영원한 지옥 불에서 고통을 당하게 될 운명이었습니다.

창조주의 자리를 넘본 피조물의 죄가 사형이라는 법정 최고형으로 결론지어졌던 것입니다. 이처럼 하나님은 사탄이 장차 자신이 타락했던 죄와 동일한 죄로 인간들을 유혹할 것을 미리 아시고 선악과나무를 동산 중앙에 두셔서 이를 계몽하고자 하신 것이었습니다. 하나님은 선악과나무의 열매에 죽음의 명령을 선언하심으로 인간들로 하여금 사탄과 동일한 죄를 짓지 않도록 하신 것입니다. 그러므로 선악과나무에 내려진 죽음의 명령은 인간의 범죄를 막기 위한 하나님의 보호 장치였던 것입니다.

인간을 보호하시기 위한 하나님의 뜻과 계획은 선악을 알게 하는 나무의 열매를 통하여 잘 전달되고 있었습니다. 비록 먹으면 죽을 수밖에 없는 죽음의 나무였지만, 먹지만 않는다면 전혀 문제될 것이 없으며, 오히려 더 많은 복과 은혜를 베풀어 주는 나무였기 때문입니다. 뱀이 유혹하기 이전에 하와는 선악과에 대하여 여러 의문을 가지고 있었지만, 그 나무가 주는 영적인 분위기로 인해 실제로 그 열매를 따 먹지 않고 있었다는 것은 선악과의 역할을 잘 보여 줍니다. 단순한 호기심으로 따 먹어 보기에는 그 대가가 너무나 컸으므로 하와는 전혀 시도를 하지 않았던 것입니다. 이처럼 죽음을 모르는 자들에게 죽음을 이야기 한 선악과나무는 자신의 임무를 충실하게 이행하고 있었던 것입니다. 선악과나무는 사람들을 죄짓도록 유혹한 것이 아니라 죄를 짓지 못하도록 선도하고 있었던 것입니다. 그러므로 선악과나무는 하나님의 가장 훌륭한 보호 장치였습니다.

6. 돕는 배필을 통한 보호 - '사람이 혼자 사는 것이 좋지 못하니'
선악과를 따 먹으면 "반드시 죽으리라!"(창 2:17)고 말씀하신 하나님은 곧이어 "사람이 혼자 사는 것이 좋지 아니하니 내가 그를 위하여 돕는 배필을 지으리라"(창 2:18)고 말씀하셨습니다. 이것은 선악과 언약이 사람이 혼자 사는 것과 무관하지 않음을 잘 보여 주고 있는 것입니다. 그렇다면 하나님께서 선악과 언약을 말씀하신 직후에 홀로 있는 아담을 위해 급히 배필을 만드시는 일부터 서두르신 것은 무엇 때문일까요?

아담이 당장 자신의 정욕을 이기지 못하여 음란의 죄를 짓고자 하는 상황도 아니고, 무엇 하나 부족할 것이 없는 동산이었기에 아담이 반항적인 행동이나 범죄를 저지를 상황도 아니었기에 성경의 기록은 문맥에 어울리지 않는 듯 보이기도 합니다.[30]

그러나 하나님께서 급하게 아담의 배필을 만드셨던 것은 얼마 지나지 않아 사탄이 맹렬한 공격을 감행할 것을 예견하셨기 때문입니다. 성경은 홀로 있는 자의 위험성을 다음과 같이 기록하고 있습니다.

> "두 사람이 한 사람보다 나음은 그들이 수고함으로 좋은 상을 얻을 것임이라 혹시 그들이 넘어지면 하나가 그 동무를 붙들어 일으키려니와 홀로 있어 넘어지고 붙들어 일으킬 자가 없는 자에게는 화가 있으리라 두 사람이 함께 누우면 따뜻하거니와 한 사람이면 어찌 따뜻하랴 한 사람이면 패하겠거니와

---

30) 아담과 하와는 어린아이처럼 연약했기에 죄를 범했을까? 그러나 그들은 창조될 당시부터 장성한 어른으로 성경에 등장하고 있다. 그들은 젖먹이로서 태어난 것이 아니라 단단한 음식도 먹을 수 있는 성인으로 탄생한 것이다. 하나님은 결코 인간들을 영육 간에 연약한 존재로 만드시지 않았다. 그리고 장성한 자는 선악 간에 분변하는 자들이라고 분명히 말씀하고 있다.(물론 히브리서의 선악의 개념과 창세기의 선악의 개념은 그 대상이 동일한 것은 아니다.)
"때가 오래되었으므로 너희가 마땅히 선생이 되었을 터인데 너희가 다시 하나님의 말씀의 초보에 대하여 누구에게서 가르침을 받아야 할 처지니 단단한 음식은 못 먹고 젖이나 먹어야 할 자가 되었도다 이는 젖을 먹는 자마다 어린아이니 의의 말씀을 경험하지 못한 자요 단단한 음식은 장성한 자의 것이니 그들은 지각을 사용함으로 연단을 받아 선악을 분별하는 자들이니라"(히 5:12-14)

두 사람이면 맞설 수 있나니 세 겹줄은 쉽게 끊어지지 아니하
느니라"(전 4:9-12)

상황 판단은 혼자서 하는 것보다 여러 사람이 함께 할 때 더 정확합
니다. 사탄의 유혹과 공격이 예상되는 위험한 시점에서 하나님은 아담이
사탄의 유혹에 쉽게 넘어가지 못하도록 하기 위해 그에게 한 사람을 더
붙여 주신 것입니다. 인류의 생육과 번성을 위해 하와를 주신다는 창세
기 1장 28절의 말씀을, 에덴동산과 선악과 사건이 시작되는 창세기 2장
에서는 다시 반복되지 않은 성경의 기록을 주의 깊게 살필 줄 알아야 합
니다. 성경은 생육과 번성이라는 여자의 기본적인 역할에 '혼자 사는 것
이 좋지 못하다'는 말씀과 '돕는 배필'의 역할을 새롭게 더하신 것입니
다. 사탄의 공격이 예상되는 시점에서의 여자의 역할은 생육과 번성의
문제보다는 아담의 정확한 영적인 판단을 도와주는 역할이 더 중요했기
때문입니다. 돕는 배필로서의 하와의 역할은 홀로 있던 아담이 사탄의
공격으로부터 선악과 언약을 잘 지킬 수 있도록 도와주는 역할이었습니
다. 성경의 여러 부분에서 하와의 역할과 의미는 아담의 생의 동반자로
서 나타나고 있지만, 창세기 2장에 나타난 하와의 역할은 아담이 하나님
과의 선악과 언약을 지키는 일을 잘 도와주는 것이 우선이었습니다. 그
러므로 아담이 독처할 경우의 위험성을 알리신 것 역시 인간을 보호하기
위한 하나님의 훌륭한 보호 장치였던 것입니다.

"그와 같은 돕는 배필"

한글 성경에는 빠져 있는 부분이지만, 히브리어 성경에는 18절의 '돕
는 배필'이라는 말 바로 앞에 '그와 같은'이라는 말이 기록되어 있습니
다. 그렇다면 하나님은 왜 '아담과 같은 돕는 배필'을 만드신 것일까요?

여기서 '같다'라는 것은 무슨 의미일까요? 무엇이 같아야 하는 것일까요? 그리고 무엇이 서로 달라서는 안 되는 것일까요?

하와를 주신 이유가 아담이 선악과 언약을 잘 지킬 수 있도록 하기 위함이었다는 사실은 '같은'이라는 단어의 원래 의미를 쉽게 발견할 수 있도록 도와줍니다. 그것은 하나님과의 언약을 지키는 일에 있어 서로 '생각이 같은' 사람임을 의미하는 것입니다. 하나님의 언약의 말씀을 이해함에 있어 하와가 아담과는 다르게 이해하게 된다면, 아담은 하나님의 언약을 지켜나감에 있어 매우 혼란스러워 하였을 것이 분명합니다. 하나님은 하와를 아담의 돕는 배필로 주셨기에 아담이 하나님의 언약을 지키는 일에 도움이 되기 위해서는 서로 하나님 언약에 대한 생각이 같아야 합니다. 하나님은 아담과 생각이 같은 사람을 한 사람 더 허락하심으로 인해 철저히 선악과 언약을 지키도록 인도하셨고 아담을 사탄의 공격으로부터 보호하시고자 하셨던 것입니다.

아담과 하와의 동질성은 그들이 만들어진 방식에 있어서도 발견됩니다. 하나님은 아담을 위하여 그를 깊은 잠에 들게 하사 그의 갈빗대 하나를 취하여 여자를 만드셨습니다. 이후 깨어난 아담은 하와를 보고 "이는 내 뼈 중의 뼈요, 살 중의 살이로다!"라는 최고의 사랑 고백을 하며 하와를 기뻐하였습니다. 하나님은 아담에게 다른 동물 창조와는 다른 방법으로 여자를 만들어 주셨습니다. 여자만큼은 다른 흙으로 만든 것이 아니라, 아담의 뼈와 살로 만든 것이었습니다. 아담은 이에 더욱 감탄했을 것입니다. 동물들의 수컷과 암컷은 각각 서로 다른 흙으로 지어졌지만, 그러나 하와는 다른 흙이 아닌 아담 자신의 흙, 즉 그의 뼈와 살로 만들어졌기에 그녀를 더욱 더 사랑하고 신뢰하게 되었습니다. 두 사람은 실제로 한 사람이었기에 더더욱 한 마음이 될 수 있었던 것입니다.

지금까지 우리는 아담과 하와의 관계를 남편과 아내의 상호관계로서만 이해해 왔습니다. 그러나 창세기 2장에 나타난 표현만큼은 남편과 아내의 역할을 강조하는 것이 우선순위가 아닙니다. 창세기 2장은 3장부터 시작되는 뱀의 유혹으로부터 인류를 보호하시기 위해 여러 가지 보호 장치를 마련하시는 하나님의 사역으로 보아야만 합니다. 성경의 모든 말씀은 본문의 문맥을 떠나서 해석되어서는 안 됩니다. 언제나 앞뒤 문맥이 나타내는 정황 속에서 해석되어져야만 바른 해석이 가능하게 됩니다. 문맥이라는 특수한 상황을 무시하고 일반적인 의미로만 이해하고 해석한다면 하나님의 뜻과 의도를 전혀 깨닫지 못하게 됩니다. 왜냐하면 하나님께서 친히 문맥이라는 해석적인 도구를 사용하시기 때문입니다. 결국, 아담에게 돕는 배필을 주신 것은 장기적으로 볼 때는 남편과 아내의 역할이라고 생각할 수 있겠으나, 창세기 2장에서의 가장 우선적인 역할은 아담이 선악과 언약을 잘 지키도록 돕는 역할이었음을 잊지 말아야 합니다.

7. 아담 스스로 자신의 통찰력을 발견하도록 하신 하나님

1) 각종 짐승들의 이름을 짓게 하신 하나님

하나님께서는 아담에게 돕는 배필을 주시기 전에 먼저 각종 짐승들과 새들의 이름을 짓는 일을 하도록 인도하셨습니다. 아담이 짐승들을 만나 이름을 지어야 했던 이유는 무엇이었을까요? 짐승의 이름은 사탄의 공격이 끝난 후에 해도 될 일인데, 왜 짐승의 이름을 짓는 일이 그토록 시급했을까요?

"아담이 무엇이라고 부르나 보시려고 그것들을 그에게로 이

끌어 가시니"(창 2:19b)

  사물의 이름을 짓는 데는 일정한 원리들이 존재합니다. 대부분은 그 사물의 대표적인 특성을 잘 반영하는 뜻으로 이름을 짓습니다. 그러므로 사물의 이름을 짓는 일은 결코 쉬운 일이 아닙니다. 짐승이든지, 새든지, 물고기든지, 들의 꽃이든지, 무슨 대상이든지 그 이름을 짓기 위해서는 그 사물의 특성을 제대로 파악할 수 있는 능력이 있어야 하기 때문입니다. 하나님은 아담에게 여러 능력들을 부여하셨습니다. 그러나 그 당시 상황에서는 아담의 여러 능력들 중에서도 사물의 특성들을 제대로 파악할 줄 아는 통찰력과 분별력이 가장 시급한 것이었습니다.

  왜냐하면 아담에게 짐승들과 새들을 인도하사 어떻게 그 이름을 짓는가 보셨다는 것은 하나님께서 아담의 능력이 어느 정도인지를 알아보시려는 테스트이기도 했지만 동시에 이름을 짓는 일을 통해 그의 잠재력을 일깨우기 위한 목적이 더욱 중요했기 때문입니다. 아담은 하나님의 기대에 부응하듯 여러 동물을 분석하는 능력에 있어 완벽하게 합격하였습니다. "…아담이 각 생물을 부르는 것이 곧 그 이름이 되었더라"(창2:19) 아담은 짐승들과 새의 이름을 지음에 있어 전혀 어려움을 느끼지 않은 것으로 보일 정도입니다. 수정하거나 바꾸거나 머뭇거리거나 하지 않았다는 것입니다. 즉 아담이 파악하고 설명한 내용 그 자체가 바로 그 생물의 이름이 되었습니다. 이는 분명히 아담에게 사물에 대한 통찰 능력과 분별능력이 탁월하고 뛰어났음을 의미하며 동시에 아담 스스로도 자신의 분별력을 깨닫게 되는 계기가 되었던 것입니다. 이러한 목적을 위하여 하나님은 짐승들을 아담에게 보내셨던 것입니다.

"아담이 모든 가축과 공중의 새와 들의 모든 짐승에게 이름

을 주니라"(창 2:20)

2) 왜 이름 짓는 일이 시급했을까요?

아담에게 모든 짐승들을 이끌어 이름 짓는 일을 하게 하신 하나님의 의도가 단순히 아직 이름을 얻지 못한 동물들에게 이름들을 주시기 위함이었을까요? 그러나 본문은 그것이 하나님의 궁극적인 목적이 되지는 못한다는 사실을 암시하고 있습니다. 본문은 계속해서 그 무엇인가 예상치 못한, 그리고 돌발적인 상황들이 나타날 것에 대비하는 듯한 느낌을 전해 주기 때문입니다. 그렇다면 아담의 통찰력과 분별력을 계발시키고자 한 하나님의 근본적인 의도는 과연 무엇일까요?

사탄은 인간을 공격하기 위한 짐승으로 뱀을 택하였습니다. 뱀은 모든 짐승들 중에 가장 간교한, 지혜로운 짐승이었기 때문입니다. 하나님은 사탄이 짐승 중 하나에게 임하여 인간을 유혹할 것을 미리 아시고 아담에게 짐승들의 특성들을 파악하게 하는 임무를 주신 것이었습니다.[31] 아담으로 하여금 짐승들의 이름을 지으면서 각각의 특징들을 잘 깨닫게 하여서 사탄이 비록 그 어떤 짐승으로 변장하고 찾아온다 할지라도 그 본래 특징에서 어긋나는 모습을 보이는 짐승이 있다면 그의 정체를 의심해 보라는 뜻으로 이름 짓는 일을 서두르신 것이었습니다.

그러면 하와는 왜 이 훈련에 빠졌을까요? 하와를 위해서는 아담이 그녀와 평소에 대화를 나눌 때 자연스럽게 짐승에 대한 특성을 가르치도록 의도하신 것으로 여겨지는데, 분명히 짐승들에 대한 재미있는 특성들을 아담 혼자 알고 있지는 않을 것이라고 생각하신 것입니다. 결국 사탄이

---

31) E. J. Young은 그의 책에서 "인간이 동물들의 이름을 지었다고 함은 바로 인간은 동물들의 본성, 그들의 기능, 그들의 존재 수단, 그들이 인간을 봉사하는 방법 등등을 이해하는 능력을 소유했음을 말한다."라고 했다. (『창세기 1,2,3장 강의』 -한국 로고스연구원, 1998- , p.83)

그 어떤 짐승을 선택하여 인류 앞에 나타난다 할지라도, 훈련된 분별력과 통찰력을 가지게 된다면, 인간들이 그 짐승의 배후에 있는 사탄의 실체를 간파하여 불순종의 유혹에 결코 넘어가지 않을 것이라고 기대하셨던 것입니다. 그러므로 하나님께서 아담에게 모든 짐승들의 이름을 짓게 하신 것은 인간을 지키시기 위한 참으로 훌륭한 보호 장치였던 것입니다.32)

---

32) 그러나 이미 사탄이 뱀을 통하여 하와에게 접근했을 때, 하와는 뱀을 전혀 의심하지 않았다. 짐승들의 가장 두드러진 특성 중 하나는, 그들은 결코 인간의 말을 하지 못한다는 사실일 것이다. 하와는 이 사실을 미리 알고 있었을까? 문맥을 통해서 볼 때, 하와는 아직 아담으로부터 짐승들에 대한 특징들을 전해 듣지 못한 것으로 보인다. 그리고 사탄은 이점을 더욱 활용한 것 같다. 아담은 직접 동물들의 이름을 지어 보았기 때문에 그 특징들을 잘 알고 있어서 사탄이 뱀을 통하여 그에게 접근하는 것은 너무나 어려웠기 때문이다. 아담은 결코 말할 줄 아는 뱀을 믿지 않았을 것이기 때문이다. 그러나 하와가 짐승의 이러한 특징을 전혀 듣지 못한 상태였다면, 사탄에게 있어 하와는 너무나 쉬운 상대였던 것이다.

제8장 사탄의 공격과 인간의 배신

인간을 위한 하나님의 모든 보호 장치가 계획대로 잘 준비되어 가고 있는 상황 가운데, 드디어 사탄은 인간들을 공격하기 위한 구체적인 행동에 돌입하였습니다. 창세기 3장 1절부터 7절까지의 내용은 뱀을 통하여 아담과 하와를 유혹하는 사탄의 영적인 공격과 선악과의 언약을 어기고 마는 인간의 범죄가 기록되어 있습니다. 인간을 쓰러뜨리기 위해 사탄이 취한 전술과 전략은 아주 탁월했으며, 인간은 이를 전혀 눈치 채지 못할 정도였습니다.

선악과 언약을 어기는 하와와 아담의 행동을 보면 너무나 쉽게 사탄의 유혹에 넘어가는 것이 아닌가라고 여겨질 정도로 무능한 모습을 보게 됩니다. 하나님이 그토록 훌륭한 보호 장치들을 잘 준비해 주셨음에도 불구하고, 치열한 싸움 한 번 하지 못하고 무력하게 쓰러져 버렸습니다. 왜 그렇게 쉽게 무너지고 말았을까요? 우리는 첫 인류에게 접근한 사탄의 전술과 전략을 연구함으로써 왜 그렇게 쉽게 인간들이 실패하고 말았는지에 대하여 성경적인 대답을 알 수 있을 것입니다.

1. 사탄의 탁월한 전술과 전략

1) 뱀을 선택한 사탄

> "뱀은 여호와 하나님이 지으신 들짐승 뱀이 가장 간교하니
> 라"(창 1:1a)

사탄의 뛰어난 전술 중의 하나는 그가 직접 인간들에게 나타난 것이 아니라 뱀이라는 들짐승을 통하여 나타났다는 사실입니다. 이는 자신의 실체를 숨기기 위함이 분명합니다. 하늘에서 일어난 천사들의 반역과 전쟁 사건은 이미 아담과 하와에게도 알려져 있었을 것입니다. 이처럼 자신의 정체가 노출된 상황에서 사탄이 타락한 모습 그대로 인간에게 나타났다면 아담과 하와는 그의 말을 전혀 신뢰하지 않았을 것이며 범죄 하지도 않았을 것이 분명합니다. 그러나 사탄은 이러한 불리한 상황들을 미리 파악하고 자신의 모습을 숨기기로 작정하였습니다. 그리고 자신의 몸을 숨길 대상으로 뱀을 선택하였습니다. 그러면 사탄은 왜 많고 많은 짐승 중에 뱀을 선택한 것일까요? 성경은 뱀에 대하여 하나님이 지으신 들짐승 중 가장 간교한 짐승으로 소개하고 있습니다. 성경의 다른 부분에서도 뱀은 지혜로운 짐승으로 등장하고 있습니다.33) 그렇다면 뱀의 지혜는 도대체 무엇일까요?

> "보라 내가 너희를 보냄이 양을 이리 가운데로 보냄과 같도

---

33) 혹자는 뱀을 '이성적인 동물'이라고까지 말한다. 그러나 성경 그 어디에도 하나님이 짐승을 이성적 존재로 창조하신 경우는 결코 없으며, 이는 심각한 신학적 오류를 일으킬 만큼 위험한 진술이다.

다 그러므로 너희는 **뱀 같이 지혜롭고** 비둘기 같이 순결하라"
(마 10:16)

마태복음에 나타난 예수님의 말씀처럼 뱀은 지혜로운 짐승이었습니다. 이것이 하나님께서 뱀에게 부여하신 본능이었습니다. 양들이 이리들 가운데서 살아남기 위해서는 무엇보다 지혜가 가장 절실히 필요할 것입니다. 뱀은 양이 이리 가운데 있는 것과 같은 위기상황에서도 자신의 지혜를 발휘하여 무사히 통과할 수 있는 지혜가 있었습니다. 또한 뱀은 자신이 위험에 처해 있다고 생각하기 전에는 상대를 공격하지 않는다고 합니다. 그리고 뱀은 스스로 위험한 상황을 만들지 않아서 소위 손해 보는 행위를 하지 않는 습성이 있습니다. 위험에 처했을 때 위기관리를 잘하는 것이 바로 뱀의 지혜라고 할 수 있습니다. 강자들이 득실거리는 위기의 상황에서 자신의 몸을 안전하게 보존할 수 있는 지혜가 있는 것입니다. 그렇다면 뱀의 위기관리 능력이 왜 사탄에게 필요했을까요?

그것은 위에서 언급한 바와 같이 그 당시 사탄은 위기에 처해 있었기 때문입니다. 그리고 자신의 정체가 절대로 노출되어서는 안 되었기 때문입니다. 그렇기에 사탄은 뱀의 지혜, 즉 위기관리 능력이 절실히 필요했습니다. 위기관리 능력이 뛰어난 짐승과 위기에 처한 사탄이 하나가 되어 하와를 유혹하기로 작정하였던 것입니다. 자신의 작전을 성공시키기 위해서 동물의 본성까지 최대한 이용하고자 했던 것입니다. 그러므로 이제부터 뱀과 사탄은 서로 일체가 되어 하와를 유혹하기 시작합니다. 뱀 자체가 사탄은 아니지만 선악과를 유혹할 당시의 뱀은 자신의 몸을 온전히 사탄에게 내어 주고 말았습니다. 뱀을 사용한 것은 사탄의 탁월한 선택이요, 전술이었던 것입니다.

2) 아담대신 하와를 선택한 사탄

사탄의 두 번째 탁월한 전술은, 아담 대신 하와에게 접근하기로 결정하였다는 것입니다. 왜냐하면 아담은 이미 하나님으로부터 사탄의 공격에 대비한 훈련을 훌륭히 소화해 내었기 때문이었습니다. 특히 아담은 각종 짐승들에게 이름을 지어 주는 일을 직접 경험했기 때문에, 뱀을 통한 접근이 용이하지 않았습니다. 지구상의 모든 짐승들의 이름들을 아담이 지어주었기 때문에 아담은 각 짐승들의 특성을 가장 잘 파악하고 있었습니다. 사탄은 자신의 정체가 간파될 수 있는 위험은, 하나님으로부터 직접 훈련받은 아담보다 아담에게 훈련받은 하와에게 접근할 때 더 작을 수 있을 것이라 판단했을 것입니다. 만약 그녀가 아담으로부터 아직 교육받지 못했거나, 짐승들의 특징을 파악하는 일에 소홀히 했을 수도 있을 것이라는 희박한 가능성에 모험을 건 것이었습니다. 안타깝게도 사탄의 모험은 성공하고 말았습니다. 하와는 뱀의 정체성에 대하여 전혀 의심하지 않는 이상한 반응을 보이고 말았던 것입니다.

혹자는, 이 부분에 대하여 하나님의 실수를 의심할 수도 있을 것입니다. 왜냐하면 하나님은 하와를 만들기 이전에 아담이 홀로 있을 때 동물들의 이름을 짓도록 하셨기 때문입니다. 하와를 만들고 난 이후에 두 사람이 동시에 짐승의 이름을 지었다면 하와도 아담과 동일하게 짐승의 특성을 잘 파악하였을 것이며, 뱀으로 위장한 사탄의 정체를 쉽게 밝혀 낼 수 있었지 않았을까요? 그러나 성경은 분명히 아담이 아직 홀로 있을 때 짐승의 이름을 짓도록 인도하셨습니다. 그 이유는 무엇일까요? 이 문제는 성경이 계속해서 제시하고 있는 아담과 하와의 관계성에 대한 접근으로 풀어가야 합니다. 즉, 아담과 하와는 같은 부부이지만, 두 사람은 각각 역할이 서로 다르도록 하나님께서 인도하셨기 때문입니다. 하나님은 아담과 언약을 맺으시고, 그를 직접 훈련시키셨습니다. 왜냐하면 아담은 인류의 대표자로 창조되었기 때문입니다.

하나님께서는 인류의 대표자와만 언약을 맺으셨지만, 그 언약은 모든 인류에게 동일하게 영향력이 행사됩니다. 마찬가지로, 하나님은 아담 홀로 짐승들의 이름을 짓도록 하셨지만, 그 이름들과 짐승의 특징들은 하와를 비롯한 모든 인류들에게도 학습되고 가르쳐져야 하는 일이었습니다. 즉, 아담 홀로 행한 것처럼 보이는 행위라 할지라도 그 영향력은 모든 인류에게 미치는 것이 됩니다. 그러므로 하와가 직접 짐승들의 이름을 지어보지 못했기 때문에 뱀의 유혹에 빠진 것이 아닙니다. 아담이 짐승의 특징을 하와에게 가르치는 일을 소홀히 했든지, 아니면 하와가 소홀히 배웠든지 둘 중에 하나일 것입니다.

짐승들의 여러 특성들 가운데 중요한 사실은 '짐승들은 인간과 같은 말을 할 수 없다.'라는 것입니다. 아담은 직접 짐승들의 특성을 조사해 보았기에, 짐승들은 인간의 말을 할 수 없는 존재라는 사실을 너무나 잘 알고 있었을 것입니다. 그러나 하와는 인간의 말을 하며 접근하는 뱀을 전혀 의심하지 않았습니다. 그리하여 그녀는 뱀과 자유롭게 대화하게 되었고 그 와중에 뱀의 간교함에 넘어가서 하나님의 언약을 의심하게 되는 데 까지 이르게 되었습니다. 결국 성경의 문맥은 하와가 아직 짐승들의 특성에 대한 철저한 학습이 이루어지지 않은 상황이었음을 간접적으로 말씀하고 있습니다. 인간의 소홀함으로 인해 하나님의 철저한 보호 장치에 첫 번째 구멍이 생기는 순간이었던 것입니다.

3) 아담의 하와에 대한 전적인 신뢰를 역이용한 사탄

사탄이 아담을 회피하고 하와를 선택한 더 중요한 이유는, 아담이 하나님과 직접 선악과 언약을 맺은 자였기 때문입니다. 선악과 언약을 직접 맺었던 당사자는 아담이었기에 사탄이 직접 아담에게 접근해서 유혹한다는 것은 매우 어렵고 위험한 일이었습니다. 아담은 그리 쉬운 상대가 아니었기 때문입니다. 그러나 사탄은 아담과 하와에 대하여 한 가지 결정적인 취약점을 발견했는데, 그것은 아담이 전적으로 하와를 신뢰하고 있었다는 점이었습니다. 즉 아담은 하와를 자신의 몸과 같이 사랑하고 신뢰하고 있었는데, 이것은 하와가 아담에게 선악과 열매를 건넸을 때 아무런 거부 반응 없이 그녀의 결정에 순순히 따랐던 아담의 행동을 볼 때 잘 알 수 있습니다. 사탄은 아담이 하와를 굳게 믿고 있었던 점을 역이용하기로 작정하였습니다. 그리하여 그는 좀 더 쉬운 상대인 하와를 무너뜨려서 유혹하기 어려웠던 아담까지 무너지게 했던 것입니다.

그렇다면 아담은 하와를 왜 그토록 신뢰하였을까요? 아담은 하나님께서 하와를 주셨을 때, 그녀를 향하여 "내 뼈 중의 뼈요 내 살 중의 살이라"(창 2:22)고 고백한 적이 있습니다. 이것은 당시 이성을 향한 최고의 사랑의 고백이었습니다. 그러나 또한 동시에 이 말은 두 사람이 서로 다른 사람이 아니라 동일한 사람임을 나타내는 표현입니다. 아담은 하와를 자기 자신과 똑같이 여겼던 것입니다. 하와의 결정이 곧 아담의 결정이었습니다. 왜냐하면 두 사람은 같은 흙, 즉 같은 살과 같은 뼈를 가진 자들이었기 때문입니다. 그리하여 그녀가 선악과 언약을 어기고 그 열매를 자신에게로 가져왔을 때에도 그녀에게 화를 내지 않았습니다. 오히려 아무런 의심 없이 순순히 받아들이기까지 했습니다. 그녀가 현명한 판단을 내렸을 것이라는 착각을 했기 때문입니다. 하와를 맹목적으로 신뢰하고 있는 아담의 영적인 상태를 간파한 사탄은 결국 아담이 아닌 하와를 선택하는 것이 자신의 목적을 이루는 일에 있어 최상의 선택이라는 것을 깨달았습니다. 하나님께서 하와에게 맡기신 임무는 위기의 순간에 아담을 도와주기 위함이었으나, 그녀는 전혀 그 임무를 수행하지 못했습니다. 오히려 아담을 넘어지게 하고 말았던 것입니다.

4) 뱀의 질문과 하와의 대답

(1) 뱀의 첫 번째 공격

···And he said to the woman, "Indeed, has God said, 'You shall not eat from any tree of the garden?'" (NASB, 창 3:1)

사탄은 하와를 향하여 본격적인 공격을 감행했습니다. 사탄이 하와에게 던진 첫 번째 말은 하나님의 언약의 말씀을 왜곡시키면서 시작되었습니다. 하나님께서는 아담에게 동산의 모든 나무의 열매를 임의로 먹어도 되지만 오직 한 가지만 먹지 말라고 하셨습니다. 긍정적인 것을 먼저 말씀하시고 부정적인 것을 나중에 말씀하셨던 것입니다. 그러나 사탄은 하와에게 정반대의 방법으로 질문을 던졌는데, 모든 것을 부정한 뒤에 긍정적인 질문으로 유도했던 것입니다.

사탄은 하나님께서 동산의 모든 나무의 열매를 금하셨는가라고 전체부정으로 질문을 던졌습니다. 그러나 이 질문은 매우 위험한 질문으로써, 하나님은 한 가지만 부정하셨지만, 사탄은 모든 것을 부정시키면서 동시에 그것을 다시 부정하는 방법을 통해 결국 모든 것을 긍정으로 바꾸어 버렸습니다. 하나님이 동산의 모든 나무를 먹지 말라고 하신 것이 **아니지 않느냐**는 것입니다. 그렇게 함으로써 그는 하와의 지성을 혼란스럽게 만들었습니다. 사탄은 소위 말장난과 같은 방법으로 한 가지만을 부정하셨던 그 부정마저 긍정으로 바꾸어서 선악과를 따 먹도록 유도했습니다. 이때 사탄은 '참으로'라는 단어를 사용했습니다. 그것은 하나님의 관용을 확대 해석하라는 유혹의 메시지였습니다. 하나님께서는 어떤 나무의 열매든지 정말로 금지하실 분이 아니지 않으냐 라는 위험한 유혹이었던 것입니다.

(2) 흔들리는 하와

뱀의 첫 번째 질문으로 인해 하와는 흔들리기 시작했습니다. 사탄의 교활한 질문법에 흔들린 하와는 그동안 의문을 품고 있던, 그리고 어느 정도 하나님의 결정에 대하여 불만을 가지고 있던 부분을 토해내기 시작합니다. 하와의 의심은 크게 두 가지 면에서 나타났는데, 첫째, 하나님이 아담에게 하셨던 약속의 말씀 중에 '모든'이라는 단어를 뺐다는 점에서 나타납니다. 하나님은 '동산의 모든 나무'를 먹을 수 있다고 했지만 하와는 '동산의 나무'를 먹을 수 있다는 말로 답변했습니다. 이것은 선악과를 먹지 말라고 하신 하나님의 명령에 대해 하와가 개인적으로 불만이 있었음을 나타내는 표현입니다. 모든 것을 허락하신 하나님의 은혜에 감사하는 마음보다 한 가지를 금하신 그 금지명령에 불만이 쌓여있던 옹졸한 모습인 것이지요. 그리하여 하와는 다음의 두 번째 부분에서 그녀의 노골적인 불만을 토로하는데, '만지지도 말라'는 표현을 추가했다는 점입니다.

하나님은 실제로 선악과를 만지지도 못하게 하셨을까요? 이것은 하나님께서 아담에게 말씀하셨지만 기록되지 않았다가 하와의 말로 인해 드러난 것이라고 생각할 수도 있을 것입니다. 그러나 본문의 문맥의 흐름에서 볼 때, 오히려 하와가 첨가한 말이라고 보는 것이 더 타당합니다. 왜냐하면 누구든지 상대방에 대한 불만이 있을 경우 그 불만을 크게 확대해서 표현하는 경우가 많으며, 또한 없는 말까지 지어내어서 자신의 입장을 정당화하고 상대방을 과도히 비방하려는 경향이 있기 때문입니다. 그렇기 때문에 결국 하나님께서는 선악과를 만지지도 말라는 말씀을 하신 일은 없지만, 선악과를 먹지 말라고 명하신 하나님의 결정에 불만을 품은 하와가 그 말을 추가함으로써 그러한 결정을 내리신 하나님의 뜻에 큰 불만이 있음을 나타낸 것이라고 보아야 할 것입니다. 문맥의 흐름은 하나님을 향한 하와의 불만이 계속 증가됨을 말하고 있기 때문입니다.

(3) 뱀의 두 번째 공격

"뱀이 여자에게 이르되 너희가 결코 죽지 아니하리라"(창 3:4)

첫 번째 질문에서 사탄은 하나님에 대한 의심과 불만을 가지고 있는 하와의 영적인 상태를 잘 간파하여 이를 이용하였습니다. 하와가 하나님과의 선악과 언약에서 흔들리는 모습을 보이면서 점차 하나님의 말씀에서 떠나기 시작했던 것입니다. 이에 사탄은 더 이상 기다릴 것이 없다고 판단하고 그의 두 번째 질문을 통하여 그녀에게 직격탄을 날리고 말았습니다. "너희가 결코 죽지 아니하리라!" 하나님의 말씀은 분명히 "너희가 반드시 죽으리라!"였지만 사탄은 더 이상 하나님의 말씀을 신뢰하지 않는 하와를 향하여 자신의 말로 그녀를 움직이기 시작했습니다. 그녀에게 하나님과의 언약을 어겨도 반드시 죽지 않을 것이라는 거짓 확신을 심어 주었던 것입니다. 더 이상 하나님의 말씀을 신뢰하지 말라는 강력한 촉구였습니다. 불행하게도 하와는 지금 사탄이 하나님의 말씀과는 정반대되는 말을 하고 있음에도 불구하고 뱀을 야단치거나 의심하지 않았습니다. 선악과를 먹지 말아야 했던 이유가 이제 그녀의 뇌리 속에서 사라져 버렸기 때문입니다.

(4) 뱀의 세 번째 공격

"너희가 그것을 먹는 날에는 너희 눈이 밝아져 하나님과 같
이 되어 선악을 알 줄 하나님이 아심이니라"(창 3:5)

사탄은 더욱더 철저히 하와의 마음을 왜곡시켜 나갔습니다. 선악과가
전혀 위험한 열매가 아니라는 확신을 심어준 뒤에, 선악과에 대한 하나
님의 뜻과 계획마저 왜곡시켜 버렸습니다. 하나님이 선악과를 먹지 말라
고 하신 것은 하나님만을 위한 이기적인 목적 때문이었으며 그런 상황에
서 주신 명령이므로 선악과 언약을 더 이상 지키지 않아도 된다는 사탄
의 논리였습니다. 인간을 보호하시기 위한 하나님이 아니라, 질투와 시
기의 하나님으로 평가절하하고 있는 것입니다. 하나님과 인간 사이를 더
욱 이간질하는 사탄의 속성을 엿볼 수 있는 구절인 것입니다. 그동안 하
나님은 인간들에게 너무나도 좋은 나무를 그분 혼자 누리시려고 인간들
에게 금지하여 오셨다는, 사람이 하나님처럼 전지전능한 존재가 되는 것
을 시기하신다는 의심을 가지게 했습니다. 인간도 선악과를 먹기만 하면
충분히 하나님처럼 될 수 있는데, 하나님께서 그동안 그 좋은 길을 막고
있었다는 사탄의 거짓된 주장은 하와를 흥분시키기에 충분했습니다.

"너희 눈이 밝아져 하나님과 같이 되어"

사탄이 하와에게 던진 최고의 미끼는 바로 사람도 하나님과 같이 될
수 있다는 것이었습니다. 즉, 피조물이 창조주가 될 수 있다는 유혹이었
습니다. 그렇다면 이것이 왜 그토록 강력한 무기가 될 수 있는 것일까
요? 모든 피조물에게 있어 하나님은 존경과 경외와 찬양과 예배와 감탄
의 대상이었습니다. 하나님에게는 불가능이 없고 뜻하신 것은 못할 것이

없는 분이셨습니다. 이러한 사실을 잘 알고 있는 아담과 하와는 언제나 하나님을 부러워했을 것입니다. 정말 위대하신 분이라며 찬양했을 것입니다. 그 누구도 감히 흉내 낼 수 없는 지극히 거룩한 분이심을 인해 감탄했을 것입니다.

그런데 이러한 와중에, 인간들도 하나님과 같은 능력과 존귀와 영광을 받을 수 있는 길이 있다고 그 누군가가 알려 주는 것이었습니다. 그것이 바로 선악을 알게 하는 나무의 열매라고 강력히 주장하는 것이었습니다. 피조물이 하나님이 되는 방법은 그렇게 어려운 것이 아닌 누구나 가능한 일이라는 것입니다. 선악과만 먹으면 피조물의 눈이 밝아져 그동안 보지 못했던 것이 보인다는 것입니다. 그리하여 하나님처럼 모든 것을 볼 줄 아는 능력을 가지게 된다는 유혹이었습니다. 이에 하와는 자신의 피조물로서의 역량을 초월하여 존재하고 싶다는 유혹을 느끼게 되었으며, 그녀도 하나님처럼 존경받고 영광을 받는 자리에 서 보고 싶다는 욕심을 가지게 되었습니다. 그리고 이러한 마음으로 그녀는 선악과를 다시 새롭게 바라보게 된 것입니다. 선악과는 그녀에게 새로운 모습으로 보이기 시작했습니다.

"선악을 알 줄 하나님이 아심이라"

사탄이 하와를 유혹하기 위해 사용한 마지막 무기는, 인간들이 선악을 아는 것을, 신적인 존재가 되는 것을 하나님이 시기하신다는 것이었습니다. 하나님은 선악과 명령을 통해 인간의 새로운 길을 막고 계시며, 영광스런 신분을 하나님 홀로 소유하기를 원하신다는 잘못된 생각을 주입하였습니다. 에드워드. J. 영은 "하나님이…그들에게 선한 무엇을 억제하여 허락하지 않고 있음을 의미하고 있다. 그 말에 함축된 의미는, 하나님은 자기가 소유하고 있는 것을 인간이 소유하기를 원치 않으신다는 것이다. 환언하면 하나님은 **시기심이 많다**는 것이다."라고 하여 사탄의 속셈을 잘 설명하고 있습니다.

또한 데이브 브리스는 "뱀이 밝힌 사단의 세 번째 가르침은 바로 이것이었다. 즉, **하나님께서 정하신 뜻이란 없다**는 것이다. '너희가 그것을 먹는 날에는 너희 눈이 밝아져 하나님과 같이 되어 선악을 알 줄 하나님이 아심이니라'(창 3:5). 이 말을 통하여, 사단은 하와에게 하나님은 **엄격한 전제 군주**이며, 그분의 말씀은 신뢰할 수 없는 것이라는 거짓말을 제시하였다. 그리고 이제는 하나님께서 인간을 만드시되 영원히 자신의 노예가 되도록 만드셨다고 속삭인다. 이러한 제안을 내 놓으면서 사단은 하와에게 모든 일을 그녀 스스로 처리할 것을 종용한다. 그녀에게 자기 실현을 위한 지름길을 택해야 한다고 확신시키는 것이다. **사단에게는 하나님의 정하신 뜻에 관한 의문은 아주 중요한 것이다. 그래서 그는 이것을 자기 가르침의 한 요소로 삼아 사람들로 하여금 이것을 부인하게 하려 한다.**"34)고 했습니다.

하와가 생각한 선과 악

하와에게 있어 선과 악의 문제는 그동안 어떤 의미로 다가왔던 것일까요? 하와는 선악과에 대한 죽음의 명령을 인간들이 감히 접근할 수 없는 하나님의 영역으로서 받아들이고 있었을 것이 분명합니다. 즉 선악과 열매를 따 먹지 않는 것이 선이요, 범하고 따 먹는 것이 악이라는 것으로 받아들였다는 것입니다. 피조물이 감히 접근할 수 없는 하나님의 영역, 바로 그것이 그들에게 있어서 선과 악을 구분 짓도록 했습니다.

그런데 사탄의 유혹은 선악과를 먹음으로 인해 악을 범하게 되는 것이 아니라, 오히려 신의 영역에 접근할 수 있는 지름길이라는 거짓된 가

---

34) 데이브 브리스, 『사단의 10가지 전술 절략을 폭로한다』(나침반), 46

르침을 전해 주는 유혹이었습니다. 무엇이 선이며 무엇이 악인가를 겉으로만 알지 말고, 직접 먹어 보아서 자신의 것으로 삼아야 한다는 속임이었습니다. 가치관의 혼란 속에서 하와는 자신이 그동안 품어왔던 의문들에 시원한 해답을 제시해 주는 것 같은 사탄의 가르침의 영향으로 인해 더 이상 '반드시 죽으리라'는 하나님의 말씀을 믿지 않게 되었고 선악과를 따 먹는 일에 주저할 아무런 이유가 없게 되었습니다. 그리하여 사탄의 이 마지막 공격에 의해 넘지 말아야 될 선을 결국 넘고 말았던 것입니다. 하와는 자신의 지성과 감성과 의지를 발동하여 결국 선악과 언약을 깨뜨리고 말았습니다.

2. 인간의 배신

1) 하나님이 되기로 결심한 아담과 하와

"여자가 그 나무를 본즉 먹음직도 하고 보암직도 하고 지혜롭게 할 만큼 탐스럽기도 한 나무인지라 여자가 그 열매를 따 먹고 자기와 함께 한 남편에게도 주매 그도 먹은지라"(창 3:6)

"여호와 하나님이 그 땅에서 보기에 아름답고 먹기에 좋은 나무가 나게 하시니 동산 가운데에는 생명나무와 선악을 알게 하는 나무도 있더라"(창 2:9)

비록 먹으면 죽음을 가져오는 나무였지만 선악과나무 역시 동산의 다른 나무들처럼 아름답게 창조되었습니다. 선악과 역시 보기에 아름답고 먹기에 좋아 보이는 열매를 가지고 있었던 것입니다.

　하나님께서는 동산의 모든 나무들을 아담과 하와가 먹는 것을 목적으로 만드셨지만, 그러나 선악과나무의 열매만큼은 먹지 못하게 할 목적으로 만드셨습니다. 그럼에도 불구하고 선악과의 열매마저 아름답게 만드신 것은 인간들로 하여금 유혹당하기 쉽게 만드신 것이 결코 아니라, 하나님의 죽음의 명령마저도 인간을 보호하기 위한 하나님의 아름다운 뜻을 포함하고 있다는 것을 나타내기 위함이었습니다. 선악과의 최종 목적이 인간 보호였기에 그 열매는 다른 모든 피조물들과 동산의 나무들처럼 아름답게 창조되어야 마땅하였던 것입니다.

　그러나 열매를 따 먹기로 결심하고 바라본 선악과나무는 평소와는 다른 모습으로 하와에게 다가오기 시작하였습니다. 이전과는 달리, 그녀의 눈에 한 가지가 더 보였던 것입니다. 그것은 바로 '지혜롭게 할 만큼 탐스럽기도 한' 모습이었습니다. 이제 선악과는 하와에게 신성을 부여해 줄 나무로 더욱 탐스럽게 보이기 시작하였습니다. 선악과나무의 열매를 보면서 그동안은 절제를 배웠지만, 이제는 탐욕을 배우게 된 것입니다.

　분명 선악과는 지혜를 담고 있었습니다. 그러나 그 지혜는 피조물들이 하나님 되고자 하는 것을 막는 지혜였지, 하나님 되도록 유혹하는 지혜는 아니었던 것입니다. 그러나 죄를 짓고자 결심한 하와에게는, 그것을 따 먹어야만 지혜롭게 될 수 있다는 잘못된 확신을 가지게 되었습니다. 하나님의 말씀보다 사탄의 말을 더 신뢰했던 하와는 이제 선악과나무를 동산에 두신 참된 하나님의 지혜를 하찮게 여기게 되었습니다. 그리고 하나님이 '더 좋은 것'을 금지해 오신 것과 하나님 홀로 그것을 차지하시려는 것에 화가 났을 것입니다. 하나님께서 인간들이 자신과 같이 지혜롭게 되는 것을 싫어하신다는 왜곡된 사실을 진실로 받아들인 것입니다. 이로 인해 하와는 선악과 언약을 베풀어 주신 하나님의 선한 뜻을 버려

버리고 자신을 하나님과 같이 지혜롭게 만들 목적으로 열매를 탐하고 말았습니다. 피조물의 두 번째 반역이 일어난 것입니다. 하나님의 모든 보호 장치에도 불구하고 인간은 너무나 쉽게 죄를 지었습니다. 결국 그들은 반드시 죽을 수밖에 없게 된 것입니다.

리처드 마우는 **"죄는 반역에서 시작된다.** 그리고 우리 첫 조상들이 선포한 반역적인 성명-우리가 하나님과 같아지리라.-은 여전히 우리 주위에서 강력하게 울리고 있다."[35]라고 하였습니다. 원죄의 시작점을 반역으로 바라본 통찰력 깊은 설명입니다.

2) 금단의 열매를 따 먹기 전에 이미 부패한 죄인이었는가?

"내가 하나님의 열심으로 너희를 위하여 열심을 내노니 내가 너희를 정결한 처녀로 한 남편인 그리스도께 드리려고 중매함이로다. 그러나 나는 뱀이 그 간계로 하와를 미혹한 것같이 너희 마음이 그리스도를 향하는 진실함과 깨끗함에서 떠나 부패할까 두려워하노라."(고후 11:2-3)

몇몇 사람들은 하와가 선악과 열매를 따 먹기 전에 이미 죄인이 되었다고 주장합니다. 나쁜 행동은 나쁜 마음에서 나오기 때문이라는 논리입니다. 그러나 구체적인 행위 이전에 이미 죄인이 되는 것이 선악과 사건과 관련하여 성립이 되는 것일까요?

고린도교회를 향한 편지에서 바울은 그들의 마음이 거짓 가르침으로 인해 부패할까 두려워하며 염려한 적이 있습니다. 그는 고린도교인들이 정결한 처녀처럼 신앙의 순결을 지킬 것을 강력하게 권하고 있는데, 그

---

35) 리처드 마우, 『왜곡된 진리』(CUP, 1999), p.73

교훈을 위해 옛날 뱀이 하와를 유혹할 때, 거짓된 가르침으로 인해 미혹당한 실례를 들고 있습니다. 하와의 마음이 하나님을 향한 깨끗한 신앙에서 떠나 부패하였다는 사실을 확실히 가르치고 있는 것입니다.

또한 어거스틴은 그의 저서 『신의 도성』에서 "우리의 시조가 노골적으로 불순종에 빠진 것은 이미 그들이 내적으로 부패했기 때문이다. 왜냐하면 만일 먼저 악한 의지가 일어나지 않았다면 악한 행동도 결코 나타나지 않았을 것이기 때문이다.…그러므로 악한 행동-말하자면 금단의 열매를 먹은 범죄-은 이미 사악해진 사람들에 의해 저질러진 것이다."라고 했습니다.36)

고린도후서 11장의 초반부만 살펴본다면 위의 결론이 가능할 수 있을 것입니다. 그러나 고린도후서 11장의 마지막 절을 살펴보면 선악과 사건과 관련된 성경의 가르침은 마음보다 행위에 의해 인간이 죄인이 되었음을 알려 줍니다.

"그러므로 사탄의 일꾼들도 자기를 의의 일꾼으로 가장하는 것이 또한 대단한 일이 아니라 그들의 **마지막은 그 행위대로 되리라**."(고후 11:15)

결국 고린도후서의 가르침은 원죄의 문제가 단순히 마음의 상태에 대한 문제가 아니라 그 행위에 대한 심판이라는 것입니다. 그리고 3절의 '깨끗함에서 떠나'는 상태는 하와가 사탄의 말을 듣고 주님의 명령에 대하여 다른 마음을 품은 것을 뜻하며 '부패'는 그녀가 선악과를 따 먹은 구체적인 행위의 결과로 인해 생겨난 영혼의 타락을 나타내는 것이라고 볼 수 있습니다. 마음의 부패 상태를 이미 죄인이 된 증거라고 한 어거

---

36) R.C. 스프롤, 『자유의지와 믿음』(생명의 말씀사, 2000), p.58-59

스틴의 주장을 따르게 되면 하나님의 다른 말씀들이 위축되고 맙니다. 왜냐하면 하나님께서도 하와와 아담을 향하여 계속해서 선악과나무를 따 먹은 그 구체적인 행위에 대하여 책임을 물으셨기 때문입니다.

"이르시되 누가 너의 벗었음을 네게 알렸느냐 **내가 네게 먹지 말라 명한 그 나무 열매를 네가 먹었느냐** 아담이 이르되 하나님이 주셔서 나와 함께 하게 하신 여자 그가 그 나무 열매를 내게 주므로 **내가 먹었나이다** 여호와 하나님이 여자에게 이르시되 **네가 어찌하여 이렇게 하였느냐** 여자가 이르되 뱀이 나를 꾀므로 **내가 먹었나이다**"(창 3:11-13)

하나님은 아담에게 그 언약에 대한 순종과 불순종의 여부에 따라, 즉 열매를 따 먹는 경우와 그렇지 않는 경우에 따라 그에 대한 복과 형벌을 내리시겠다고 말씀하신 것입니다. 하나님은 타락 이전의 인류에 대하여 구체적인 행위 이전의 마음가짐에 대한 정죄는 하시지 않으셨습니다. 그 이유는 무엇일까요?

하나님은 평소에 선악과에 내려진 하나님의 명령에 대하여 의문과 불만족을 가지고 있던 하와의 마음을 아셨음에도 불구하고 뱀이 유혹하기 이전에는 그녀를 죄인으로 정죄하여 에덴동산에서 쫓아내시지 않으셨다는 사실을 주목해야 합니다. 만약 그녀의 단순한 의구심과 불만족이 큰 죄가 되었다면 하나님은 사탄이 유혹하기 이전에 그들을 이미 쫓아내셨을 것이 분명합니다. 그리고 사탄 역시 이미 부패한 인간들을 일부러 찾아와 타락시킬 이유가 없었을 것입니다. 그러나 비록 그녀에게 하나님의 명령에 대한 의심과 불만족스러운 마음이 있었다 할지라도 그것이 그녀를 죄인으로 만들지는 못했습니다. 의심과 불만족이라는 지성적, 감성적인 반응은 인격적인 피조물에게 나타나는 일반적인 현상이기 때문입니다. 그것이 전 인류를 죽음으로 몰고 가는 원죄가 될 수 없습니다. 그러하기에 하나님은 그분의 결정과 명령에 인격적인 피조물이 보일 수 있는 이성적이며 감성적인 반응들에 대하여 지나치게 민감하시지 않으셨습니다. 자연적으로 그 마음이 변화되기를 원하셨던 것입니다. 하와는 비록 의심과 불만이 있었지만 뱀이 나타나 그녀의 의지 즉 행위를 유도하기 이전에는 그것이 죄로 발전될 만큼 심각한 상태에 있지는 않았습니다. 결국 아담과 하와에 대한 형벌의 근거는 그들이 하나님을 향하여 불만을 품은 것 때문이 아니라, 그들이 선악과 열매를 따 먹는 구체적인 의지적 범죄 행동을 취했기 때문입니다. 선악과 언약은 '행위 언약'이었기에, 인간이 행위로 언약을 어기지 않을 경우에는 처벌받지 않는 특성을 가지고 있었던 것입니다.

3) 아담은 하와의 범죄 현장에 같이 있었는가?

이제 우리는 6절의 말씀 가운데서 한 가지의 문제를 심도 있게 살펴보아야 합니다. 그것은 하와의 범죄 현장, 바로 그곳에 아담도 함께 있었는가라는 문제입니다. 트렘퍼 롱맨은 "그러나…지금까지 (최초의 범죄에) 하와만 가담한 것으로 되어 있다. 그렇다면 아담은 어떻게 되었을까? 아담은 아내의 행위 때문에 벌을 받으면서 불공평한 대우를 받은 걸까? 전혀 그렇지 않다. 아담도 더 많이는 아니더라도, 똑같은 책임이 있다. 창세기 3장 6절은 하와와 뱀 사이에 일이 벌어질 때 아담이 그녀와 '함께' 있었으나 침묵을 지켰다는 것을 분명히 밝힌다. 그는 개입했어야 했다. 그는 뱀을 쫓아버렸어야 했다. 그리고 마지막으로, 아담은 하와가 선악과를 내밀자 그것을 받아먹는다. 어떤 질문도 하지 않으며, 어떤 항의도 하지 않는다. 아담과 하와는 함께 그들의 창조자를 거역했으며, 두

사람 모두 무서운 결과를 겪는다."라고 말하고 있습니다.[37]

또한 에드워드 J. 영도 강도는 조금 약하지만, 롱맨과 거의 동일한 주장을 하는데, "그녀가 그 열매를 따 먹고 자기와 함께 한 남편에게 주매 그도 먹는다. '아담은 내내 어디에 있었는가?'라고 물을 지도 모른다. 성경은 우리에게 그 문제에 대해 아무 말도 하지 않는다. 나는 아담이 거기에 같이 있었다고 상상하는데, 왜냐하면 이브가 '그 열매를 따 먹고 자기와 함께 한 남편에게도 주며'라고 성경이 말하고 있으므로 '그녀의 남편은 그녀와 함께 있었다.'라고 결론지을 수도 있다. 그러나 성경은 그 문제에 대하여 더 이상 자세히 말하고 있지 않기 때문에 우리는 더 이상 말할 수 없다."[38]라고 주장하고 있습니다. 과연 그들의 주장처럼 아담은 하와의 범죄 현장에 같이 있었을까요? 성경은 에드워드 J. 영의 주장처럼 아무 말도 하고 있지 않을까요? 만약 그들의 주장대로 아담이 하와의 범죄 현장에 같이 있었다면 지금까지의 많은 주장들은 새로 수정되어야 할 것입니다. 그러나 성경은 결코 아담이 하와의 범죄 현장에 같이 있지 않았음을 너무나도 확실하게 증거하고 있다는 사실을 알아야 합니다.

첫째, 신약 성경이 이 사실을 명백히 증거하고 있습니다. 신약은 아담이 뱀의 유혹 당시 그 현장에 없었다는 사실과, 하와가 시간적으로 먼저 죄를 지었음을 분명히 말씀하고 있기 때문입니다. 디모데전서 2장 13-14절에 보면, "이는 아담이 먼저 지음을 받고 하와가 그 후며, **아담이 속은 것이 아니고 여자가 속아 죄에 빠졌음**이라"고 말씀하고 있습니다. 즉 13절에서 아담이 시간적으로 먼저 지음을 받았음을 말씀하면서 그 시간적인 의미를 14절에 동일하게 적용하고 있습니다. 그리고 뱀이 하와를 유혹할 당시에 아담이 그 자리에 없었음을 증거하는 확실한 구절은 바로

---

37) 트렘퍼 롱맨 3세, 『어떻게 창세기를 읽을 것인가?』 (IVP, 2006), p.148
38) E. J. Young, 『창세기 1,2,3장 강의』 (한국로고스연구원, 1998), p.111

14절인데, 뱀이 사람을 꾈 때 하와를 꾀었지, 아담을 꾀지는 않았다고 분명히 말씀하고 있기 때문입니다. 만약 아담이 하와와 같은 자리에 있었다면 그도 역시 뱀에게 꾀임을 받은 것과 다름없을 것입니다. 그러나 성경은 아담이 결코 뱀에게 직접 꾀임을 보지 않았음을 확실하게 기록하고 있습니다. 가까이 있었을 수는 있으나 뱀과 하와의 범죄 현장에는 결코 같이 있지 않았던 것입니다. 아담은 어디까지나 하와를 통해서 죄를 지었습니다. 롱맨의 주장처럼 뱀과 대면한 상태에서 아무 말도 하지 않고 아무런 저항도 하지 아니하고 그냥 바라만 보고 있었던 것이 아닌 것입니다.

둘째, 롱맨은 6절의 '함께'라는 표현을 시간적, 공간적인 의미로만 해석하는 실수를 범하고 있습니다. 창세기 2장 24절에 보면 "이러므로 남자가 부모를 떠나 그의 아내와 합하여 둘이 한 몸을 이룰지로다"라고 말씀하는데, 이것은 남녀가 결혼을 하게 되면 두 사람이 시간과 공간을 함께 누리게 된다는 의미를 지닙니다. 그러나 부부 사이에는 이러한 시공간의 나눔보다 더 중요한 것이 있습니다. 그것은 서로 결혼식을 통해 정신과 영혼을 서로 나누게 된다는 것입니다. 즉 남녀가 서로 부부가 되면 같은 장소, 같은 시간에 함께 있는 일들이 많아지게 되지만, 시간적, 공간적으로 함께 지내는 시간이 아닌 상태에서라도 부부는 서로 함께 있는 사람들이라고 누구나 인정합니다. 낮에 각각 직장 일과 가사 일로 인해 시공간적으로 서로 헤어져 있어도, 두 사람은 여전히 정신적으로 함께 하는 부부인 것입니다. 그러므로 3장 6절에 사용된 '함께'라는 표현은 그들이 서로 부부임을 강조하는 표현이지, 하와의 범죄 당시 아담이 같은 시간, 같은 장소에 함께 있었음을 입증하는 표현은 아닌 것입니다.

셋째, 아담도 '함께'라는 표현을 시공간으로 사용한 것이 아니라 부부의 본질적인 관계를 나타내는 의미로 사용했습니다. 인간의 범죄 후, 하나님은 아담을 부르셨고 그에게 왜 선악과 열매를 먹었는지 물으셨습니다. 그에 대한 대답으로 아담은 "하나님이 주셔서 나와 함께 있게 하신 여자"(12절)때문에 그 나무의 열매를 먹게 되었다고 하였습니다. 12절의 이 표현이 하나님이 아담에게 하와를 주신 것이 선악과 범죄 현장에만 서로 함께 있으라고 한 것이 아님은 너무나 명백한 사실입니다. 이 구절은 2장 18절의 '혼자 사는 것의 위험성으로 인한 돕는 배필'로서의 부부의 역할과 24절의 '남녀가 합하여 한 몸을 이루게 하신' 부부의 본질적인 관계를 나타내는 표현입니다. 아담은 '함께'라는 표현을 부부의 본질적인 관계에 사용하였으며, 결코 최초의 범죄 현장에 하와와 함께 있었음을 의미하는 표현으로 사용하지 않았던 것입니다.

이와 같은 여러 가지 성경적인 증거를 통해 볼 때, 아담은 뱀이 유혹할 당시 하와와 같은 장소에 있지 않았으며, 뱀에게 직접 꾀임을 보지 않았음이 입증되었습니다. 그러나 롱맨은 이러한 성경적인 사실을 인지하지 못하고 두 사람이 범죄의 현장에 함께 있었다고 주장하고 있으며, 에드워드 J. 영은 성경에서 아무 말도 하고 있지 않다고 했지만 신약 성경에 분명히 당시 상황에 대한 분명한 말씀이 기록되어 있는 것이 밝혀졌습니다. 만약에 아담이 하와와 같이 있었다면 성경은 뱀이 아담과 하와에게 동시에 접근했다고 분명히 기록해 놓았을 것입니다. 그리고 뱀도 새로운 접근 방법을 찾아 나섰을 것입니다. 왜냐하면 아담은 사탄에게 그리 만만한 존재가 아니었기 때문입니다.[39]

그러나 하나님으로부터 철저히 훈련받았기에 사탄이 결코 직접적 접근 상대로 선택하지 않은 아담이라 할지라도 그 역시 사탄에게 약점을 노출하고 말았으니, 그것은 바로 아담이 하와를 지나치게 맹목적으로 신뢰하

---

39) 만약 아담이 그 현장에 함께 있었더라면 아마 뱀은 다른 시간과 다른 방법을 찾았을 것이다. 뱀은 하와가 홀로 있을 때, 즉 독처의 위험성이 도사리고 있을 때, 그 약점을 이용하여 그녀를 유혹한 것이다.

였다는 사실입니다. 결정적인 선택을 해야 할 상황에서 하나님의 계명보다는 아내의 말을 선택하고 말았던 것입니다. 이 사실은 "아담에게 이르시되 네가 네 아내의 말을 듣고 내가 네게 먹지 말라 한 나무의 열매를 먹었은즉…"(창 3:17)이라는 구절에서 잘 알 수 있습니다. 아담은 아내가 주었던 선악과를 먹기로 결정했을 때, 결코 아무것도 모르는 상태에서 그 열매를 먹은 것이 아닙니다. 그는 그 행위가 하나님의 계명을 어기는 일임을 명백하게 인식하고 있었을 것입니다. 그러나 그는 하와를 과도히 신뢰하고 있었기에 피조물의 신분을 벗어나는 일에 하와와 함께 적극적으로 가담하고 말았던 것입니다. 결국, 아담과 하와는 함께 그들의 창조자를 거역했으며, 두 사람 모두 무서운 결과를 겪게 된 것입니다.

4) 눈이 밝아지다

"이에 그들의 눈이 밝아져 자기들의 몸이 벗은 줄을 알고
무화과나무 잎을 엮어 치마로 삼았더라"(창 3:7)

뱀의 말대로 선악과를 따 먹은 아담과 하와의 눈은 실제로(?) 밝아지게 되었습니다. 그러나 그 밝아진 눈으로 볼 수 있게 된 것은 창조주의 영광과 지혜와 능력이 아니었습니다. 벌거벗은 피조물들의 부끄러운 모습뿐이었습니다. 피조물이 감히 창조주가 되어 보겠다고 한 시도 그 자체가 정상적인 이성을 가진 자들에게는 전혀 이해가 되지 않는 일이 분명합니다. 그러나 아담과 하와는 그들의 무한한 욕심과 하나님에 대한 불만, 그리고 사탄의 치밀한 계략에 휘말려서 결국은 범하지 말아야 될 죄를 짓고 말았습니다. 그리고 그들은 이제 서로의 치욕을 보게 되었습니다. 이에 그들은 서로 벗은 몸을 감추고자 무화과 나뭇잎을 엮어 치마

를 만들어 입었습니다. 그들은 이제 자신들의 죄지은 벗은 몸을 가리기에 바빴던 것입니다. 선악과 열매는 결코 그들의 눈을 밝아지게 하지는 못했습니다. 더욱 어둡게 만들어 버렸던 것입니다. 성경은 이 사실을 역설적으로 표현하고 있습니다.

5) 죄인들을 부르신 하나님

"그들이 그 날 바람이 불 때 동산에 거니시는 여호와 하나님의 소리를 듣고 아담과 그의 아내가 여호와 하나님의 낯을 피하여 동산 나무 사이에 숨은지라"(창 3:8)

(1) 어두워진 에덴동산

어두움보다는 언제나 밝고 환한, 따뜻한 빛이 더 잘 어울리는 에덴동산에 해가 지기 시작하여 서늘해지는 저녁이 등장하고 있습니다. 다른 번역에는 '날이 서늘할 때에'(the cool of the day)라고 묘사하여 저녁 때를 말씀하고 있고, 또 어떤 번역에는 "저녁 바람이 불던 때에"(at the time of the evening breeze)라고 하여 직접 저녁이라는 단어를 넣어 기록하였습니다. 결국 8절의 말씀은 아담과 하와의 범죄로 말미암아 에덴동산에 낮이 아닌 밤이 등장한다는 표현을 통해서, 죄로 인해 어둠이 찾아온 동산의 암울한 영적인 분위기를 나타내고 있습니다. 그러나 에덴동산의 본래의 모습은 그렇지 않았습니다. 죄의 문제가 해결될 때, 장차 하늘에서 내려 올 새로운 에덴동산에는 "그 성은 해나 달의 비침이 쓸데 없으니 이는 하나님의 영광이 비치고 어린양이 그 등불이 되심이라"(계 21:23)고 하신 말씀처럼 어둠이 전혀 없는 모습이 에덴의 본래 모습이기 때문입니다.

(2) 대낮에 행해진 범죄

에덴동산에 밤이 찾아왔다는 것은 또한 아담과 하와의 범죄가 대낮에 이루어졌다는 점을 간접적으로 알려 주고 있습니다. 보통 범죄는 밤에 많이 이루어집니다. 왜냐하면 밤이 되면 마음속의 어둡고 은밀한 부분들이 밖으로 표현되기 쉽기 때문입니다. 그리고 지성보다는 감성이 활발히 움직이는 때이므로 이성적인 분별력과 자제력을 잃어버리고 감성대로 움직이는 경향이 강하게 나타납니다. 그러나 아담과 하와의 범죄는 정신이 맑게 유지되며, 감성보다는 지성이 더 활발히 움직여 이성에 어긋나는 일을 덜 하게 되는 대낮에 이루어졌습니다. 이것은 그들의 범죄의 심각성을 더욱 부각시키고 있는 성경적인 표현입니다. 하나님이 되고자 하는 악독함으로 대낮의 정상적인 이성을 억누르며 죄를 지은 것입니다. 그러기에 그들의 죄는 더욱 가증한 것입니다.

(3) 선악과 언약의 1차적인 책임자 아담

하나님은 이 모든 사건들의 원인과 결과를 아시고 아담을 부르셨습니다. 하나님의 음성을 들은 그들은 동산 나무 사이에 몸을 숨겼습니다. 그러나 하나님은 그들의 위치를 알고 계셨고 곧 그들을 발견하셨습니다. 그러자 아담은 자신의 벗었음과 두려움 때문에 숨게 되었다고 변명합니다. 이에 하나님은 "누가 너의 벗었음을 고하였느냐?"라고 먼저 물으셨고, 이어서 "내가 너더러 먹지 말라 명한 그 나무 열매를 네가 먹었느냐?"라고 물으셨습니다. 두 번째 질문은 선악과 언약의 1차적인 책임이 아담에게 있음을 다시 한 번 확인하시는 질문이었던 것입니다. 그러나 아담은 선악과를 먹은 잘못의 1차적인 원인을 자신에게서 찾지 않았습니다. 그는 범죄의 원인을 하나님과 하와에게 돌렸습니다. 즉, 하나님이 주셔서 그와 함께 하게 하신 그 여자 때문에 선악과의 열매를 먹었다는 것입니다. 물론 전혀 틀린 말은 아닙니다. 그러나 선악과 언약의 1차적인 책임을 져야 할 아담이 이런 책임 회피적인 비굴함을 보이는 것은 실망스러운 모습임에 틀림없습니다. 이것은 자신의 죄가 심각한 것임을 점차 깨닫게 된 아담이 너무나 두려운 나머지 취했던 못난 모습이었던 것입니다.

(4) 뱀에게 책임을 전가하는 하와

하와도 아담과 마찬가지였습니다. 이번에는 뱀에게 모든 책임을 전가시켰습니다. "여호와 하나님이 여자에게 이르시되 네가 어찌하여 이렇게 하였느냐 여자가 이르되 뱀이 나를 꾀므로 내가 먹었나이다"(창 3:13) 물론 이 말도 거짓은 아닙니다. 그러나 선악과 언약을 가장 먼저 위반하기로 결심한 자와 그것을 아담에게까지 가져다주어서 그로 하여금 범죄 하게 한 사람은 바로 하와 자신이었습니다. 하나님께서는 하와의 이 말 역시 책임을 전가하는 솔직하지 못한 모습임을 알고 계셨지만, 그 다음 상대인 뱀에게로 대화의 상대를 바꾸셨습니다.

6) 저주를 선언하신 하나님

(1) 뱀에게 임한 저주

"여호와 하나님이 뱀에게 이르시되 네가 이렇게 하였으니
네가 모든 가축과 들의 모든 짐승보다 더욱 저주를 받아 배로
다니고 살아 있는 동안 흙을 먹을 지니라"(창 3:14)

하와가 책임을 전가한 뱀을 향하여 하나님께서는 질문을 던지시지 않

고 저주만을 선언하셨습니다. 사탄의 죄악은 너무나도 명백했으며 그가 최초의 유혹자였기 때문입니다. 그의 죄로 인해 뱀은 두 가지 저주를 받게 되었는데 첫째는, 모든 짐승들보다 더 큰 저주를 받아서 배로 다니게 되었다는 것이며 둘째는, 다른 짐승들처럼 식물다운 식물을 먹지 못하고 살아 있는 동안 흙을 먹게 될 것이라는 것입니다.

우리는 뱀이 받은 두 저주를 잘 분석해야 합니다. 왜냐하면 뱀이 받은 저주들 중에 첫째 것은 실제로 뱀에게 적용이 되었지만, 둘째 것은 뱀과 무관한 것이기 때문입니다. 모든 뱀은(도마뱀류를 제외하고) 분명히 배로 기어 다닙니다. 그러므로 하나님이 저주하신 그대로 이루어진 것입니다. 그러나 두 번째의 경우는 전혀 이루어지지 않았습니다. 뱀은 결코 흙을 먹으며 살지 않기 때문입니다. 지렁이는 흙을 먹고 살겠지만 뱀은 그렇지 않습니다. 그럼에도 불구하고 하나님은 뱀을 향하여 살아 있는 동안 흙을 먹고 살게 될 것이라고 선언하셨습니다. 그렇다면 이 둘째 저주가 진정으로 의미하는 것은 무엇일까요?

사탄은 인류를 유혹하고자 할 때, 많은 들짐승들 가운데 뱀을 선택하였습니다. 그리고 이후에 사탄과 뱀은 서로 하나가 되어 서로의 지혜와 계략을 동원하여 인간을 죄짓도록 유도하였습니다. 사탄은 자기 본래의 지혜를 동원하였고 뱀은 위기관리 능력을 제공하였던 것입니다. 그리하여 두 존재의 합동작전으로 인간이 선악과 언약을 범하고 말았던 것입니다. 결국 하나님으로부터 받은 뱀의 두 가지 저주는, 하나는 실제 뱀에게 적용되었고, 다른 하나는 뱀 속에서 그를 조종했던 사탄에게 적용이 되었던 것입니다. 그러므로 두 번째 저주는 짐승으로서의 뱀이 아닌 영적인 뱀, 곧 사탄이 받게 될 저주였습니다.

실제로 사탄은 더 이상 하늘나라가 제공하는 양식을 먹을 수 없게 되었습니다. 그는 온전히 세상적인 것만 먹고 살게 된 것입니다. 그가 하늘나라에서 전쟁을 일으키고 쫓겨난 것도 큰 이유가 되겠지만, 더 중요한 것은 지구에 있는 첫 번째 사람들에게도 죄를 짓도록 유혹하였기 때문에, 지구의 나무들이 제공하는 열매들조차도 먹을 가치가 없는 존재라는 것을 나타내는 표현인 것입니다. 그의 식물이 될 수 있는 유일한 것은 모든 사람이 발로 밟고 다니는 더러운 흙뿐이었던 것입니다. 하나님이 사랑하시는 자들을 모두 타락시킨 사탄의 더러운 죄로 인하여 그는 살아 있는 동안 더러운 것만 먹게 된 것입니다. 더러운 수법으로 하나님의 사랑하시는 사람들을 타락시켰으니, 그 역시 더러운 대가를 받아야 했던 것입니다. 그러므로 뱀에게 내려진 두 번째 저주는 영원토록 하늘 양식을 먹을 수 없을 것이라는 하나님의 영원한 저주였던 것입니다.

(2) 원시복음을 선포하신 하나님

"내가 너로 여자와 원수가 되게 하고 네 후손도 여자의 후손과 원수가 되게 하리니 여자의 후손은 네 머리를 상하게 할 것이요 너는 그의 발꿈치를 상하게 할 것이니라 하시고"(창 3:15)

하나님이 아닌 사탄의 말에 순종하여 그의 명령에 따라 움직인 하와는 결국 사탄에게 계속적으로 예속될 가능성이 많았습니다. 비록 자신을 타락시킨 존재였지만, 이미 세상 권세가 사탄에게 넘어갔으므로 그의 눈치를 보아야 하는 상황이었던 것입니다. 그러나 하나님은 이러한 두 존재 사이의 역전된 상황을 가만히 보고 계실 수 없으셨습니다. 그 사이에 개입하셔서 그들의 관계가 더 이상 발전되지 않도록 막으셔야만 했습니다. 그래서 하나님은 사탄과 여자 사이를 원수지간으로 만드셨습니다.

여자의 후손은 그 옛날 뱀에게 당했던 일을 기억하여 뱀의 머리를 상하게 할 것이라고 예언되었으며, 뱀의 후손은 여자의 후손의 발꿈치를 상하게 할 것이라고 예언되었습니다. 이 둘은 각각 무엇을 의미하는 것일까요?

먼저 여자의 후손이 뱀의 후손의 머리를 상하게 할 것이라는 것은, 여자의 후손이신 예수 그리스도께서 뱀의 머리, 즉 사탄에게 치명타를 입히실 것이라는 뜻입니다. 뱀은 머리가 가장 약한 동물입니다. 머리를 잡으면 꼼짝하지 못합니다. 그러므로 뱀이 머리를 상하게 되면 그에게 있어 가장 큰 상처가 되는 것입니다. 그리하여 사탄은 예수 그리스도로 인해 자신이 빼앗아 왔던 세상 권세를 다시 잃어버리게 되는 것입니다.

그러면 뱀의 후손이 여자의 후손의 발꿈치를 상하게 한다는 것은 무슨 뜻일까요? 혹자는 그리스도께서 사탄에 의해 가벼운 상처만 입는다는 표현이라고 주장하지만, 이는 뱀의 속성을 고려하지 않은 잘못된 해석입니다. 뱀은 독을 가지고 있기 때문에 그가 사람의 발꿈치를 물어 상하게 한다는 표현은 사람을 물어 죽인다는 뜻입니다. 이 예언은 예수그리스도께서 독사의 자식들에 의해 죽임을 당하게 되는 십자가 사건을 알려 주는 말씀입니다. 사탄과 하와의 친밀해진 사이를 끊을 수 있는 유일한 것은, 장차 여자의 후손이 나타나 자신의 발꿈치를 상하면서(뱀에게 물리면서)까지 희생하여 뱀의 머리를 상하게(사망의 권세를 깨뜨리시는 일)하는 것뿐이었습니다. 이것이 바로 뱀을 향한 저주 속에 포함되어 있는 하나님의 원시복음이었습니다.

그러나 마냥 기뻐할 수만은 없는 일

이와 같이 창세기 3장 15절에는 원시복음이 분명히 나타나고 있습니다. 뱀을 향한 저주의 선언 속에 예수그리스도의 구속사역이 기록되어 있는 것입니다. 그러나 한 가지 잊지 말아야 할 사실은, 비록 창세기 3장 15절이 원시복음을 나타내고는 있지만, 이 구절의 1차적인 의미는 뱀을 향한 저주의 선언이라는 점입니다. 원시복음은 2차적인 의미로 사용되고 있습니다. 그렇다고 원시복음이 덜 중요한 것은 결코 아닙니다. 그러나 올바른 성경해석은 문맥이 강조하는 1차적인 의미를 무시한 채 해석되어서는 안 되는데, 그 문맥이라는 것은 바로 뱀을 향한 저주의 선언이 더욱 우선시 된다는 것입니다.

또한 우리는 이 구절을 통해서 반드시 죽어야 할 인간들에게 구원을 허락하신 하나님의 은혜를 인하여 기쁨의 감정을 느끼는 일부터 해서는 안 됩니다. 오히려 독생자를 희생하실 수밖에 없는 하나님의 마음을 이해하여, 진정 예수님이 아닌 우리들을 죽여 달라고 울며 자복해야 하는 것입니다. 구원의 은혜가 우리에게 절대적으로 간절한 사항이지만, 진정으로 인간의 죄의 심각성을 깨닫고 죄 없는 예수님의 고통을 이해하는 자라면 우리 자신들을 영원히 벌하여 달라고 고백하는 것이 더욱 진실된 모습이라는 것입니다. 죄인의 구원은 아무런 대가 없이 그냥 이루어질 수 있는 일이 아니기 때문입니다. 죄 없는 하나님의 아들이 참으로 비참하게 우리 대신 돌아가셔야만 이루어지는 일이었기 때문입니다. 인간의 입장에서 보면 구원의 길이 열리게 되는 것으로 인해 기쁨의 소식이 되겠지만, 하나님의 입장에서 보면 독생자를 십자가에 못 박혀 죽여야만 하는 참으로 슬픈 소식이 되는 것이기 때문입니다. 하나님은 지금 아들이 십자가에 찢겨 죽을 것을 미리 내다 보시며 가슴을 찢으시는데, 우리는 구원의 약속을 보장받았다고 해서 마냥 기뻐해야만 하겠습니까? 하나님의 마음을 진정으로 깨닫는 자라면 결코 그렇게 해서는 안 될 것입니다. 진실된 회개의 눈물 뒤에 진정한 감사가 있어야 하는 것입니다.

"그러나 아담으로부터 모세까지 아담의 범죄와 같은 죄를 짓지 아니한 자들 까지도 사망이 왕 노릇 하였나니 아담은 오실 자의 모형이라…한 사람의 범죄로 말미암아 사망이 그 한 사람을 통하여 왕 노릇 하였은즉 더욱 은혜와 의의 선물을 넘치게 받는 자들은 한 분 예수 그리스도를 통하여 생명 안에서 왕 노릇 하리로다 그런즉 한 범죄로 많은 사람이 정죄에 이른 것같이 한 의로운 행위로 말미암아 많은 사람이 의롭다 하심을 받아 생명에 이르렀느니라"(롬 5:14, 17-18)

(3) 하와에게 임한 저주

뱀 다음으로 형벌을 받은 자는 하와입니다. 하와가 받은 형벌은 세 가지로 나눌 수 있습니다.

첫째는, 해산하는 고통이 가중되었습니다. 이것은 그녀의 죄로 인해 이후에 해산하는 모든 아이들이 원치 않는 죄인의 신분으로 태어나는 것에 대하여 책임감을 느끼라는 주님의 뜻이 담겨져 있습니다. 뿐만 아니라 이 후에 해산하는 모든 여자들 역시 고통을 느끼게 하셔서, 인류의 원죄를 기억나게 하고 하나님 앞에 겸손해지도록 하기 위함입니다.

둘째는, 남편을 사모하는 고통입니다. 이는 남편을 갈급하게 만들어서 더욱 그를 의지하도록 하신 것입니다. 남자보다 여자가 먼저 선악과를 따 먹고자 결정한 것에 대한 형벌입니다. 하나님으로부터 선악과 언약을 맺고 직접 그 언약의 말씀을 들은 자는 아담이었습니다. 그리고 하와는 아담을 통해 그 사실들에 대하여 들었던 제2인자였습니다. 그럼에도 불구하고 그녀는 실제로 선악과를 따 먹으라는 유혹이 다가왔을 때, 남편의 의견을 먼저 물어보는 겸손함을 보여 주지 않았습니다. 그녀는 마치 자신이 하나님과 직접 언약을 맺은 당사자인 것처럼 선악과 언약을 먹는 일에 최종적인 결정을 내리고 말았습니다. 남편의 결정을 존중하지 않고 그의 의사를 물어보지 않은 죄에 대하여 책임을 물으시는 것입니다. 그러므로 이제 하와에게는 남편이 없으면 불안하고 초초해지는 심리가 부여되었습니다. 앞으로는 그런 식으로 일을 행하지 말라는 뜻에서 더욱 남편을 의지하도록 했던 것입니다. 하와가 남편의 결정을 더욱 존중하여서 아담이 올 때까지 선악과 먹는 일을 기다렸다면, 오늘날과 같은 비극은 없었을지도 모릅니다. 그러므로 이것은 어쩌면 저주가 아니라 하나님의 축복일지도 모릅니다. 여자에게 있어 모든 일을 혼자 결정하지 말고 늘 남편과 상의한 후에 결정을 내리라는 하나님의 뜻이 담겨져 있는 것입니다.

셋째는, 남편으로부터 다스림을 받는 고통입니다. 남편의 가르침을 받기 싫어했던 하와의 당시 심정을 보여 주는 형벌입니다. 이 말씀을 통해 아담은 하와에게 여러 가지를 가르쳤다는 사실을 알 수 있습니다. 아담은 하와를 그냥 내버려 두지 않았던 것입니다. 하나님으로부터 받은 모든 훈련과 보호 장치들의 교훈을 하와에게도 동일하게 가르쳤다는 사실입니다. 그럼에도 불구하고 하와는 아담의 가르침을 절대적으로 따르지 않았던 것으로 보입니다. 짐승에 대한 특성 파악의 임무에도 소홀히 한 것 같습니다. 하와가 아담의 다스림과 통제를 기꺼이 수락했다면 그렇게 쉽게 선악과를 먹지는 않았을 것이라는 교훈을 주고 있는 말씀입니다. 그러므로 앞으로는 반드시 남편의 통제를 받으라는 하나님의 형벌이었습니다. 이전보다는 덜 자유로운 존재가 된 것입니다. 자유의 남용으로 인해 이제 그 자유에 제한을 받게 된 것입니다.

(4) 아담에게 임한 저주

세 번째로 저주받은 자는 아담입니다. 그의 결정적인 잘못 중에 하나는 그가 하나님의 말씀보다 그 아내의 말에 더욱 귀 기울였다는 데 있습니다. 하나님으로부터 직접 선악과 언약을 맺은 그가 하나님의 말씀의 권위보다 아내의 권유의 말에 더욱 귀를 기울였다는 것이 큰 죄인 것입니다. 그리하여 아담에게 임한 하나님의 저주는 크게 다음의 세 가지입니다.

첫째, 살아 있는 동안 수고하여야만 땅의 소산을 먹을 수 있게 되었습니다. 이는 에덴의 모든 나무의 열매들을 힘들이지 않고 먹을 수 있도록 해 주신 하나님의 사랑과 은혜를 저버린 대가입니다. 오직 한 나무의 열매를 먹지 말라고 하신 그 계명을 어긴 죄로 인해 받은 형벌인 것입니다. 동산의 모든 나무의 열매를 임의로 먹을 수 있었던 때와는 정반대되는 상황이 벌어진 것입니다. 하나님의 땅을 더럽혔기 때문에 이제 아담은 노력 없이는 땅의 소산을 먹을 수 없게 되었습니다. 그러므로 아담은 힘들게 일할 때마다 힘들이지 않고도 소산을 내어 주신 하나님의 은혜를 스스로 저버렸다는 사실을 상기해야만 했습니다.

둘째, 땅이 가시덤불과 엉겅퀴를 내게 되었습니다. 아담이 힘들게 일한다고 해서 땅이 좋은 것만을 내어 주는 일은 없을 것이라는 사실을 암시합니다. 때론 엉겅퀴와 가시덤불로 인해 더욱 힘들게 농사짓게 되는 것입니다. 늘 좋은 것만 내어 주던 땅이 아담을 괴롭히며 찌르는 고통으로 다가오게 되었습니다. 이는 아담의 죄로 인해, 땅을 비롯한 다른 모든 피조물들까지도 함께 피해를 입었기 때문입니다. 말 못하는 피조물들도 아담의 죄로 인해 변질되어 버렸기 때문에, 아담을 향하여 원망의 메시지를 보내는 것입니다. 아담은 땅에서 가시와 엉겅퀴가 날 때마다, 변질되어 버린 피조물의 모습들을 바라보며 자신의 죄를 더욱 철저히 느껴야만 했습니다. 자신 때문에 이유 없이 고통 받고 있는 다른 피조물의 고통까지 깨달아야 했던 것입니다.

셋째, 아담은 육신의 죽음을 언도받게 되었습니다. 그 이유는 아담이 흙으로 지음을 받은 육신을 사용하여 죄를 지었기 때문입니다. 이제는 흙으로 지어진 아담의 육체가 더러워졌으므로 더 이상 그 몸을 가지고는 영생할 수 없게 되었습니다. 그러므로 하나님은 타락한 육체를 향하여 흙으로 돌아가야 한다고 말씀하신 것입니다. 죄만 짓지 않았어도 아담을 비롯한 모든 인류는 '조건적인 불멸'이라는 상황 속에서 영생할 수 있었지만, 죄로 인하여 새로운 영생의 방법이 필요해졌습니다. 이제 우리들은 예수 그리스도를 믿는 믿음으로 영생을 소유할 수 있게 되었습니다. 그리고 현재의 육체가 아닌 새로운 육체로 변화 받은 후에 영생하게 된다는 성경의 가르침은 최초의 육체에 대한 하나님의 명령, 즉 흙으로 돌아가야 한다는 명령이 계속 유효하다는 것을 잘 보여 주고 있습니다.

7) 사탄이 얻은 것

사탄은 결국 자신의 뜻대로 아담과 하와를 타락시켰고 그로 말미암아 하나님의 저주를 받아 매우 힘든 생활을 하게 되었습니다. 그러나 사탄은 아주 중요한 한 가지를 손에 넣게 되었습니다. 그것은 바로 세상 권세였습니다. 아담에게 부여되어 있던 세상의 권세를 그의 손에 넣게 된 것입니다. 이제 아담과 그의 모든 후손들은 사탄의 권세 아래에 들어가게 되었습니다. 이는 예수님이 사탄에게 받으셨던 세 가지 시험에서 잘 드러나 있습니다.

궁극적으로 모든 인류는 하나님의 주권에 따라 움직이지만, 아담에게 부여하신 지구의 통치권을 사탄이 빼앗아 간 것은 사실입니다. 아담과 하와로 하여금 사탄의 말에 순종하도록 한 전략을 통해 아담에게 부여되었던 지구의 통치권을 빼앗은 것입니다. 그러므로 하나님은 사탄의 수중에 들어간 세상 권세를 되찾아 오셔야만 했습니다. 그리고 그 일을 위하여 그의 아들을 보내시기로 작정하신 것입니다.

8) 가죽 옷을 지어 입히신 하나님

> "여호와 하나님이 아담과 그의 아내를 위하여 가죽 옷을 지
> 어 입히시니라"(창 3:21)

나뭇잎으로 밖에 치마를 만들어 입지 못하는 상황을 보신 하나님은 비록 인간들의 죄가 너무나도 미웠으나 결국 가죽 옷을 지어 입히시는 인자하심을 보여 주셨습니다. 그러나 타락한 천사들을 향해서는 하나님께서 이러한 인자를 베풀어 주신 일이 전혀 없었다는 사실 또한 우리는 잘 깨달아야 합니다. 이는 인간들을 향한 주님의 사랑이 아직 끝나지 않았음을 보여 주는 것입니다.

그러면 가죽 옷이 의미하는 것은 무엇일까요? 많은 이들이 이 가죽 옷에 구약시대의 희생제사의 의미를 부여합니다. 구약의 짐승제사를 보여 주는 첫 번째의 경우로써, 장차 하나님이 짐승의 피를 통해 예수그리스도의 속죄까지 짐승제사로 그 일을 대신하시겠다는 사실을 미리 보여 준다는 것입니다. 이러한 해석에 영향을 미친 사람은 에드워드 J. 영입니다. 그는 "신체적인 벌거벗음은 타락 후에 부끄러움의 상징이 되었으며 부끄러움은 사람의 영적인 타락 상태의 표적이다. 그러므로 벌거벗음을 가리는 옷을 지어 입은 것은 영적인 중요성을 가지고 있다. 사람은 자기 자신을 죄에 빠져서 지고 있는 영적인 멍에로부터 구원해 낼 수 없기 때문에 그의 벌거벗음을 가리는 옷을 지어 입을 수 없다. 그에게 적절한 옷은 하나님이 인정하시는 옷을 입는 것이며 이러한 옷은 하나님이 그를 위하여 지어 주신 옷이다.····우리가 본문에서 그리스도를 발견하는

것은 이 구절을 잘못 읽어서가 아니다. 왜냐하면 오직 그리스도만이 적절한 옷을 지어 입히실 수 있기 때문이다."[40]라고 하였습니다.

반역죄라는 최고의 죄를 지은 인간들에게 오히려 가죽 옷을 지어 주신 하나님의 자비와 은혜는 당연히 찬양을 받기에 합당한 것입니다. 신뢰하던 인격적인 피조물들에게 연이어 배신을 당하신 하나님이셨지만 하나님은 한순간에 그분의 분노를 쏟아내지 아니하시고 오랫동안 참아 주시기로 작정하시면서 심지어 인간들을 구원하실 계획까지 세우셨던 것입니다. 창세기 3장 15절에는 인간의 구원계획이 분명히 기록되어 있습니다. 그러나 위에서 이미 언급했듯이, 이는 2차적인 의미로 사용된 것이요 1차적인 의미는 아닙니다. 우리는 성경 본문을 항상 우리에게 유리한 방식으로 해석하는 경향이 있습니다. 그러나 이것은 옳지 않습니다. 성경을 통하여 언제나 하나님의 마음을 우선 읽을 줄 알아야 하기 때문입니다.

원시복음 속에는 독생자를 십자가에서 뱀에게 물려 죽게 해야만 하는 성부 하나님의 고통과 슬픔이 포함되어 있습니다. 마찬가지로 가죽 옷에 대한 해석 역시 이와 동일한 방법이 적용되어야 할 것입니다. 나뭇잎으로 급하게 수치를 가렸던 인간들에게 튼튼한 가죽옷을 입혀 주신 하나님의 자비와 인자가 보이는 구절이라고 하여 마냥 좋아만 하고 있지 않습니까? 만약 그 가죽 옷이 예수 그리스도를 상징한다면, 장차 화목제물이 되어서 죽어야만 하는 아들에 대한 하나님의 말 못할 괴로움도 함께 읽을 줄 알아야 되는 것이 아닐까요? 우리는 적어도 창세기 3장에서만큼은 인간들을 향한 하나님의 구원의 약속들로 인해 기쁨의 감정을 먼저 느껴서는 안 됩니다. 왜냐하면 그 일에는 하나님의 너무나도 큰 고통과 슬픔 그리고 희생이 동반되기 때문입니다. 그러므로 우리는 가죽 옷에 담겨

---

40) E. J. Young, 『창세기 3장 연구』 (도서출판 엠마오, 1991), p.131

있는 구속사적인 의미를 찾아낸 것에 대하여 기뻐하는 것도 필요하지만, 동시에 장차 나 때문에 대신 죽으셔야만 하는 그리스도에 대한 통곡과 가슴 찢음도 함께 느낄 줄 알아야 할 것입니다.

제9장 풀려지는 선악과의 진실

1. 왜 그토록 위험한 나무를 인간에게 주셨을까요?

선악과가 인류의 타락에 악용되기는 했지만, 그 나무 자체가 위험을 제공할 목적으로 만들어진 것이 아니었습니다. 제7장을 통하여 우리는 선악과를 인간에게 주신 하나님의 뜻을 잘 알게 되었습니다. 자신이 타락한 방법으로 인간들 역시 똑같이 타락시키기 원했던 사탄의 공격의 위험성을 알리고 인간으로 하여금 사탄과 동일한 범죄를 행하지 않도록 하기 위한 방어책이었던 것입니다. 선악과 언약을 어겼을 때의 형벌인 '죽음'의 강한 메시지를 통해 아담과 하와로 하여금 그 나무를 주신 하나님의 뜻을 스스로 깨닫도록 유도하셨던 것입니다. 생명만이 넘쳐났던 여호와의 동산에 죽음을 알리는 나무가 담당한 역할은 사탄의 공격으로부터 자신들을 보호하지 않으면 죽음이 닥쳐 올 것이라는 경고였던 것입니다. 그러므로 선악과는 인간으로 하여금 죄짓도록 유도한 위험한 나무가 아니라 죄짓지 못하도록 도와주기 위해 세워진 것이었습니다. 선악과나무를 악한 죽음의 나무로 만든 것은 사탄과 인간이었습니다. 선악과나무는 주님의 사랑이 담겨져 있는 인간 보호의 나무였던 것입니다.

2. 왜 하필이면 눈에 가장 잘 띄는 동산 중앙에 두셨을까요?

하나님은 인간에게 사탄의 범죄와 타락을 알리시고 동시에 그와 동일한 죄에 빠지지 않도록 하시기 위해서 특별한 보호 장치를 마련하셨습니다. 사탄의 공격은 갑작스럽고 또한 은밀한 것이기에 하나님의 보호 장치는 불시에 찾아올 사탄의 공격에도 충분히 대비할 수 있는 것이어야만 했습니다. 그렇다면 그 보호 장치는 어디에 설치되어야 할까요? 위험을 알리는 경고문은 결코 사람들의 눈에 잘 띄지 않는 곳에 있어서는 안 됩니다. 반드시 모든 사람에게 잘 보이며 어디서 보든지 잘 보이는 곳에 있어야 합니다. 위험한 물건을 사람들의 눈에 잘 보이는 곳에 두는 법은 없습니다. 그러나 어떤 위험을 알리는 경고문은 사람들의 눈에 잘 보여야 합니다. 위험한 야생 동물이 출몰하는 지역에는 그 짐승에 대한 위험을 알리는 경고문이 반드시 사람들의 눈에 잘 보이는 곳에 설치되어야 하는 것과 동일합니다. 그렇다면 그러한 곳은 에덴동산 중에서 어디일까요? 바로 동산의 중앙이었던 것입니다. 동산의 중앙은 동산 어디에서 보아도 잘 보이는 곳이기 때문입니다.

사탄의 맹렬한 공격이 예상되는 위험한 시점에서 원수의 공격을 막아줄 목적으로 세워진 선악과나무는 에덴동산의 중앙에 위치해야만 했던 것입니다. 동산 중앙은 어디서 보아도 잘 보이는 곳이었기에 사탄의 공격이 어디에서 행해지더라도 선악과의 도움을 받아 유혹에 넘어지지 않게 하기 위한 최적의 장소였던 것입니다. 사탄의 공격은 참으로 인간에게 치명적일 것이기에 하나님은 아담과 하와와 또한 그의 자자손손 대대에 이르기까지 누구든지 사탄의 공격에 잘 대비할 수 있도록 하신 것입니다.

3. 왜 생명나무와 선악과나무는 같은 장소에 있었을까요?

우리는 앞에서 두 상반되는 나무가 같은 장소에 놓여 있는 것에 대하여 의문을 가졌었습니다. 살리는 나무와 죽이는 나무가 함께 서 있다는 것은 조화롭지 못한 모습임에 틀림없을 것입니다. 생명의 나무 옆에 죽음의 나무가 함께 서 있도록 하신 하나님의 뜻과 계획은 과연 무엇일까요?

선악과나무의 역할이 인간으로 하여금 공포감을 조성하게 하거나 불이익을 끼치게 하기 위함이 아니라는 사실은 이미 설명하였습니다. 그 나무의 목적은 범죄의 위험으로부터 인간을 보호하기 위한 것이었습니다. 그리고 인간의 영원한 생명은 하나님의 계명을 지킬 때에만 가능했기 때문에, 생명나무와 선악과나무의 기능은 전혀 다른 것이라고 말할 수 없는 것입니다. 생명나무는 인간에게 생명을 풍성하게 하는 나무였고, 동시에 선악과나무는 인간의 생명을 지켜 주는 나무였습니다. 죽음이 선포되어 있다는 이유만으로 사람들이 선악과나무를 멀리하게 되면, 선악과를 통한 하나님의 뜻이 잘 전달되지 않을 수 있을 것입니다. 이처럼 선악과나무를 혐오스러워하거나 오해할 수 있는 인간의 편견을 바로잡기 위해 하나님은 생명나무를 죽음의 나무 바로 옆에 세워 두신 것이었습니다.

또한 선악과나무는 사탄의 유혹으로부터 이겨 나가도록 하기 위해 세워진 나무였습니다. 그렇기에 그 나무 바로 옆에 생명나무를 두신 것은, 인간이 사탄의 유혹을 받을 때, 하나님이 주신 고귀한 생명을 던져버리지 말고 신중한 선택을 하라는 뜻으로 주신 것입니다. '죽음을 각오하고

서라도 성취해야 할 더 좋은 것이 있다면 그것을 가져라'라고 주장하는 사탄의 유혹에 대하여, 결코 하나님이 주신 생명을 버리지 말라는 뜻으로 선악과나무 옆에 생명나무가 서 있었던 것입니다. 아주 친한 친구처럼 두 나무는 동산 중앙에 함께 서서 하나님의 뜻을 잘 전달하고 있었던 것입니다.

그러나 우리는 두 나무의 차이점에 대해서도 한 가지 짚고 넘어가야 할 것이 있습니다. 그것은 성경이 이제 갓 태어난 최초의 사람들을 향하여 생명나무에 대한 언급보다 죽음의 나무에 대한 사실을 먼저 말씀하셨다는 사실입니다. 이것은 하나님의 주된 관심이 생명나무보다는 오히려 선악을 알게 하는 나무에게 더 많이 있다는 사실을 확실히 보여 주는 증거가 됩니다.

성경은 왜 생명나무보다 선악을 알게 하는 나무에게 더 많은 강조를 하고 있는 것일까요? 그것은 인간의 범죄 가능성으로부터 인류를 보호하시는 것이 생명유지를 위해 가장 급하고 중요했기 때문입니다. 즉 천상에서 타락한 천사들이 하나님과 원수가 되었고, 이제 그 원수들이 하나님의 사랑하시는 바 된 인간들을 자신들과 동일하게 타락시키려고 호시탐탐 기회를 엿보고 있었기 때문이었습니다. 이미 돌이킬 수 없는 죄를 짓고 난 후였던 사탄은 자신의 남은 날 동안 하나님을 저주하며 그분의 사랑하시는 모든 것들을 파괴하고 없애는 일에 모든 열심을 다하게 된 것입니다. 이러한 모든 사탄의 의도를 미리 알고 계신 하나님께서는 인간들을 보호하셔야만 하는 절박한 필요를 느끼셨습니다. 그리하여 에덴동산의 중앙에 생명나무와 함께 선과 악을 알게 하는 나무를 세우신 것이었습니다. 그리고 아담과 하와가 생명나무의 열매를 따 먹으며 풍성한 생명을 누리는 것도 중요하지만 그것보다 먼저 그 생명을 빼앗기지 않는 것이 더 시급한 일이었습니다. 그리하여 하나님은 선과 악을 알게 하는 나무를 세우신 것이었고, 그리하여 생명나무보다 먼저 등장시켜 그 역할을 강조하였던 것입니다.

아담과 하와에게 생명보다 죽음에 대한 사실을 먼저 언급하신 것은 하나님이 사용하신 최고의 강조법이었습니다. 아담과 하와는 '죽음'이라는 단어를 통해서 선악과를 향한 하나님의 뜻이 심히 엄중하며 중대한 것이라는 사실을 잘 깨달아야 했습니다.

4. 왜 선악과는 아름답게 만들어졌을까요?

하와가 뱀의 말을 듣고 선악과를 먹고자 결심했을 때, 그 열매는 그녀에게 더욱 "먹음직도 하고 보암직도 하고 지혜롭게 할 만큼 탐스럽기도 한 나무"(창 3:6)로 다가왔습니다. 그러나 우리는 다음과 같은 질문을 던졌습니다. 만약 선악과나무와 열매의 외모를 흉측하게 만들었다면 사람들의 접근을 막는데 도움이 되지는 않았을까요?

그러나 이 문제는 하나님의 창조 목적을 알게 되면 쉽게 해결됩니다. 즉, 모든 피조물은 하나님의 선한 뜻을 드러내도록 창조되었기 때문에 아름답게 창조되어야 마땅한 것입니다. 선악과나무와 그 열매도 마찬가지입니다. 그들도 하나님의 창조물로써 아름다워야 했던 것입니다. 나름대로의 고유한 목적과 섭리가 있었을 뿐, 그 역시 하나님의 아름다운 피조물이기 때문입니다. 선악과나무의 열매는 사람을 죽이는 독으로서가 아니라, 사탄의 공격으로부터 사람을 살리기 위한 하나님의 보호 장치로서의 역할을 위해 창조되었기에, 더더욱 흉측하게 만들어져서는 안 되었습니다. 선악과가 아름답게 창조되었다는 것을 통해서도 우리는 선악과나무의 선한 역할을 잘 알 수 있게 됩니다. 단순히 인간의 순종 여부와 자유의지 사용의 여부를 알아보시기 위해서 창조하신 나무가 아닌 것입니다. 또한 선악과나무의 열매는 피조물이 침범해서는 안 될 하나님의 신성을 나타내는 열매였기에 더욱 아름다워야만 했던 것입니다.

5. 왜 나무의 이름과 열매의 이름이 서로 다를까요?

사과를 맺으면 사과나무이고 배를 맺으면 배나무입니다. 그렇다면, 먹으면 죽게 되는 열매를 맺는 나무의 이름은 '죽음의 나무'가 되어야 마땅할 것입니다. 그러나 하나님께서는 그 나무의 이름을 '선과 악을 알게 하는 나무'라고 명하셨습니다. 그 나무의 이름과 열매의 역할이 서로 달랐던 것입니다. 왜 그럴까요?

모든 과일 나무의 목적은 열매라고 할 수 있습니다. 그리고 그 열매를 먹기 위해 나무를 키우는 것입니다. 그러나 선악과나무만큼은 그 열매를 먹는 것이 목적이 아니었습니다. '죽음의 열매'라는 것은 인간에게 식물로 합당한 열매가 아니기 때문입니다. 독이 든 음식을 자녀에게 줄 수 없음과 동일하지요. 다시 말해 이 나무와 열매는 그 이름의 역할을 통해서 인간의 범죄와 죽음을 방지하려는 것이 목적이었습니다. 이 나무는 그 열매를 먹지 않는 것이 목적이었습니다. 그렇기 때문에 선악과나무에게는 그 열매와 다른 성격의 이름이 부여되었던 것입니다. 생명나무의 열매는 생명을 주는 것이 목적이지만 선악을 알게 하는 나무의 열매는 인간에게 선과 악을 알려 주는 것이 목적이었습니다. 그렇기 때문에 그 나무는 '죽음의 나무'가 아닌 '선악을 알게 하는 나무'였던 것입니다.

6. 왜 하나님은 선악과 열매로 인한 사망의 이유를 성경에 기록하지 않으셨을까요?

성경은 선악과 열매로 인한 사망의 이유를 구체적으로 기록하지 않고 있습니다. 하나님께서 선과 악을 알게 하는 나무가 상징하는 범죄의 구체적인 내용을 미리 말씀해 주셨더라면 사탄이 뱀을 통해 하와를 유혹할 때, 그들의 정체를 올바로 깨닫고 뱀의 유혹에 잘 대처하여 범죄 하지 않았을 수도 있지 않았을까요? 왜 직접 표현하지 않으시고 간접적으로 말씀하신 것일까요?

첫째, 하나님은 사람들이 선악과나무의 상징에 대하여 스스로 그 의미를 발견하기를 원하셨기 때문입니다. 즉, 인간들이 그 나무의 의미에 대하여 직접 고민하고, 깊은 묵상을 하며, 하나님과의 언약과 죽음에 대하여 진지한 사색을 원하셨던 것입니다. 그 후 그들이 그 뜻을 깨닫게 되었을 때에는, 그 나무에 대한 직접적인 상세한 설명보다 더 큰 효과를 나타낼 수 있기 때문입니다. 피조물에게 있어 생명이라는 것은 너무나도 값지고 귀한 선물이기에 하나님은 피조물들이 그 생명을 계속 유지하기 위한 유일한 계명을 주시고 피조물들로 하여금 그 계명을 깊이 묵상하게 하신 것입니다. 창조주가 피조물에게 모든 것을 쉽게 잘 설명한다고 해서 피조물의 가슴에 각인되는 것은 아닙니다. 쉽게 답을 주시지 않음으로, 우리로 하여금 어렵게 답을 얻은 후에 그 답을 결코 쉽게 잊어버리지 않기를 원하셨기 때문입니다. "Easy come, Easy Go!" 쉽게 얻은 것은 쉽게 잃어버리기 마련이기 때문입니다. 우리가 지금 선악과나무로 인해 많은 고민을 하고 있는 것도 모두 하나님의 의도하신 바대로 이루어지고 있는 것입니다. 결국 하나님은 인간 스스로 하나님의 마음과 뜻을 깨닫기 원하신 것입니다. 그렇게 깨달은 하나님의 뜻은 결코 쉽게 잊어버리지 않으며 마음에 각인되어 오랫동안 유지될 수 있기 때문입니다.

둘째, 하나님은 사람들이 자신의 인격적인 여러 기능들을 사용하여 그 뜻을 깨닫기를 원하셨기 때문입니다. 인간의 지정의를 창조하신 하나님께서는 '생각하고 느끼고 행동하는' 인격적인 반응을 원하십니다. 일방적인 명령과 복종의 관계가 아니라 인격적인 교훈과 순종의 결과를 가져오기 위함입니다. 그렇게 할 때, 직접적인 설명을 하는 것보다 명령의 순종에 대한 더 큰 효과를 가져 올 수 있습니다. 억지로 따르는 것이 아니라 인간의 인격적인 동의를 얻은 주님의 뜻은 주님을 향한 인간의 순종에 더 큰 힘을 실어 주기 때문입니다. 이처럼 하나님은 인간 스스로 선악과를 향한 하나님의 뜻을 생각하고 느끼고 행동하도록 하셨고, 타인의 의지로써가 아니라 인간 스스로의 의지로써 주님의 명령에 순종하기를 원하셨던 것입니다.

셋째, 모방범죄라는 위험성이 있었기 때문입니다. 범죄는 학습되기 마련입니다. 오늘날 수많은 범죄는 매스컴 및 멀티미디어를 통해 많은 사람에게 알려지고 있습니다. 심지어 범죄 수법까지 상세히 설명하는 뉴스 및 영화 등은 오히려 그 죄를 알지 못했던 자들에게 죄를 학습시키는 역효과를 초래하기까지 합니다. 범죄의 심각성을 보도하고 국민들을 각성시키기 위한 선한 목적으로 방영되었겠지만, 그 중에는 그 범죄를 보고 죄의 수법을 학습하는 경우도 있습니다. 그 범죄를 자신도 한번 저질러 보고 싶다는 잘못된 충동을 유발하기도 하기 때문이지요. 그리고 이전 범죄 수법보다 더 지능적인 범죄가 개발되는 경우도 있습니다. 그리하여 원래 의도했던 범죄에 대한 경각심과 범죄 예방의 목적은 사라지고 어느덧 더 발전된 지능범죄가 우리 앞에 등장하게 되는 경우가 발생하기도 합니다. 아담과 하와 역시 마찬가지입니다. 아직 죄를 알지 못하는 그들에게 범죄의 과정을 상세히 기술한다면 오히려 위와 같은 역효과가 나타날 수 있기 때문입니다. 이러한 이유들 때문에 하나님은 선과 악을 알게 하는 나무의 궁극적인 상징인 '피조물이 감히 창조주가 되려고 하는 반역죄'에 대하여 직접적인 언급을 피하신 것입니다.

7. 무엇이 '선'이고 무엇이 '악'일까요?

우리는 그동안 보통 사람들이 인식하고 있는 선과 악의 일반적인 의미들을 선악과 사건을 기록한 창세기에 그대로 대입하여 이해해 왔습니다. 그러나 이제 우리는, 성경은 도대체 범죄 이전의 선과 악에 대하여 무엇이라고 말씀하고 있는지를 밝혀야 할 것입니다. 즉, 선악의 개념을 이해하기 위해서는 인간중심으로 판단해서는 안 되며, 오직 성경의 기준으로 판단해야 한다는 것입니다.

우리는 하나님의 입장에서 선과 악을 규정해야 합니다. 즉, 신적인 차원을 먼저 고려해야 한다는 것입니다. 에릭슨의 말처럼 "선은 인간에게 직접적인 방식으로 개인적인 즐거움을 가져오는 것에 의하여 규정되어서는 안 된다는 것이다. 선은 하나님의 의지와 존재와의 관계 속에서 규정되어야"[41] 합니다. 그러므로 하나님의 입장에서 '선'과 '악'에 대한 구체적인 내용을 발견해야 합니다.

또한 사탄과 관련해서 '선과 악'의 개념을 이해해야 합니다. 왜냐하면 그는 선악과 사건에 등장하는 핵심 인물이며, 특히 사탄은 하나님의 말씀처럼 '선악을 아는 일에 우리 중 하나와 같이 된 자'(창3:22)이기 때문입니다. 그러므로 그는 하나님께서 피조물에게 바라신 선과 악을 이해하는 데 결정적인 역할을 하고 있습니다. 타락 이전의 선과 악의 올바른 성경적인개념은 사탄의 타락 사건을 고려하지 않고는 올바로 정의될 수 없는 것입니다.

---

41) 『복음주의 조직신학』 (크리스천 다이제스트,1997) p.483-484.

우리는 앞에서 사탄이 용서받을 수 없는 죄를 지었음을 보았습니다. 그리고 그것은 피조물이 지을 수 있는 최고의 범죄였다는 사실도 확인하였습니다. 이제 이 문제를 만유의 입법자가 되시는 하나님의 입장에서 생각해 봅시다. 하나님이 참으로 온전하고 아름다우며 충성스럽게 만드신 천사들마저 타락하고 말았습니다. 하나님은 결코 잘못 만들지 않았음에도 불구하고 완벽한 피조물이었던 그가 애써 하나님에 대한 반역을 감행하였던 것입니다. 도무지 이해할 수 없는 일이 벌어지고 만 것입니다. 이에 하나님은 그 천사들에게 법정 최고형을 내리셨습니다. 하나님이 용서하실 수 없는 유일한 죄! 그것은 과연 무엇입니까? 그것은 다름 아닌 '피조물이 감히 하나님처럼 되려고 하는 반역죄'였습니다. 이처럼 천상에서 사탄의 배반을 경험하신 하나님께서는 동일한 위험에 처한 인간들을 위해 대책을 마련하셔야 했습니다.

그렇다면 사탄의 유혹과 공격이 예상되는 급박한 시점에서 인간에게 가장 절실히 필요한 덕목이 무엇이며, 가장 위험한 유혹이 무엇이겠습니까? 그것은 다름 아닌 인간에게 선과 악에 대한 가르침을 확실히 각인시켜서 인간만큼은 사탄과 동일한 죄에 빠지지 않게 하는 것이었습니다. 사탄과 관련된 모든 문제는 그가 감히 하나님이 되려고 했던 어리석음에서 출발하기 때문입니다.

그러므로 타락 이전에 하나님이 인간에게 원하신 선과 악의 가장 핵심적인 개념은 타락 이후의 선악 개념과는 서로 다를 수밖에 없습니다. 결국, 선악과 사건과 관련하여 하나님이 인간들에게 간절히 원하셨던 바로 그 '선'이란, 피조물이 언제나 자신의 피조물 됨을 인정하며 겸손히 창조주의 은혜에 감사하고 자신의 위치를 지키며 살아가는 것이 됩니다. 그리고 '악'이란 피조물이 자신의 피조물 됨을 망각하고 감히 창조주가 되려 하여 하나님의 은혜를 저버리고 창조주에 불순종하여 반역을 일으키는 일련의 행위가 됩니다. 이것이 바로 하나님께서 인간들에게 그토록 간절히 가르치고 싶어 하신 '선'과 '악'에 대한 타락 이전의 개념이며, 인격적인 피조물에게 바라셨던 유일한 한계선이었던 것입니다.

피조물이 그의 피조물 됨을 인정하며 창조주의 목적에 합당하게 살아가는 것이 창조주의 입장에서는 가장 아름답고 선한 것입니다.[42] 언제나 자신을 만들어 주신 분께 감사하고 자신의 신분을 망각하지 않으며 철저히 제 위치를 지켜 나가는 모습보다 더 선한 모습이 어디 있겠습니까? 그러나 피조물이 자신의 신분을 망각하고 교만하여 은혜를 저버리고 자신의 위치를 떠나 자기를 만들어 주신 분을 배반하고 오히려 창조주의 자리를 욕심내며 그 자리를 내어 놓으라고 칼을 들이대는 것보다 더 악한 행위가 어디 있겠습니까? 하나님은 이러한 특별한 교훈과 개념을 선악을 알게 하는 나무를 통해 인간들에게 가르치기를 원하셨던 것입니다.

8. 선악을 '안다는 것'은 무엇을 의미할까요?

무엇이 '선'이고 무엇이 '악'인지에 대하여 충분한 이해가 되었다면, 이제 그것을 '안다'는 것의 의미도 쉽게 찾을 수 있을 것입니다. 창세기에서 총 4번 사용된 '선악을 아는' 것의 의미는, 그 말을 누가 사용했느냐에 따라 각각 다른 의미를 나타내고 있습니다. 먼저 하나님이 인간에게 사용하신 의미는, '피조물이 결코 넘어 오지 말아야 할 데드라인을 알리는 것'과 그 지식에 대한 '인간의 순종'을 의미했습니다. 그러나 사탄은 이를 왜곡시켜 인간에게 사용했는데, 선악과를 따 먹게 되면 '선악

---

42) 김남준 목사는 "결론부터 말씀드리자면, '선'이라는 것은 하나님께서 천지를 창조하실 때 가지셨던 궁극적인 목적에 부합하는 조건이나 상태를 가리키는 것입니다. 따라서 사람들이 판단하는 선과 하나님이 판단하시는 선은 부분적으로 일치할 수도 있지만, 전혀 다를 수도 있습니다."라고 한다.(『구원과 하나님의 계획』,부흥과 개혁사, p.23)

을 알게' 되어 피조물이 창조주의 능력을 소유하게 될 것이라는 의미의 '실제로 경험하라.'는 뜻으로, '데드라인을 넘어라.'는 뜻으로 바꾸어 사용하였습니다. 하나님은 그 열매를 먹지 않는 것이 선이라고 가르치셨지만, 사탄은 그것을 먹어야만 선에 이른다고 거짓말을 한 것입니다.

또한 삼위일체 하나님은 인간의 타락 이후에 생명나무의 열매를 탐내고 있던 아담을 걱정하시면서 "이 사람이 선악을 아는 일에 우리 중 하나(사탄)같이 되었으니"(창 3:22)라고 말씀하셨습니다. 이 경우에 하나님은 일종의 반어법을 사용하셨는데, 왜냐하면 인간이 선악을 알아보겠다고 시도한 범죄와 사탄의 범죄가 거의 동일한 성격이었기 때문입니다. 그러므로 한탄하시듯 반어법을 사용하여 '선악을 아는 일'에 두 피조물이 모두 똑같이 타락해 버렸다는 실망감을 나타내신 것이었습니다.

우리의 신앙생활 가운데 필요한 여러 가지 능력들은 우리가 하나님처럼 될 때 생겨나는 것이 아닙니다. 오히려 단지 하나님을 믿고 의지하는 그 신앙의 모습으로 인해 하나님께로부터 선물로 받게 되는 것입니다. 사탄과 타락한 인류는 자신들의 피조물 됨을 버리고 스스로 신이 됨으로 인해 하나님의 영광에 참여하려 했으며 그 능력을 소유하고자 했습니다. 그러나 그들이 진정으로 영광스러워지며 참 능력을 소유하게 되는 유일한 길은 오로지 창조주 하나님만 바라보며 그분께서 직접 우리들을 다스려 주시기를 기다릴 때에만 가능한 것입니다.

9. '선악을 알게 하는 나무'는 도대체 무엇을 위한 나무일까요?

이제 선악과 사건의 선악 개념이 단순히 하나님 앞에 '좋고 나쁜 것'을 의미하는 보편적인 개념으로 사용된 것이 아니라, '조물주와 피조물 사이의 넘지 말아야 될 최후의 선'을 보여 주고자 하는 구체적이며 특수한 개념이었다는 사실을 알게 되었습니다. 사탄의 임박한 공격이라는 특수한 상황 하에서 요구된 '선'과 '악'이기 때문입니다. 많은 이들이 이 문제를 가볍게 보고 있으며, 보편성과 특수성을 구분하지 못해 선악과나무의 진정한 의미를 놓치고 있는 것입니다.

에드워드 영은 선악과나무를 하나님을 향한 인간의 순종과 불순종, 그리고 사랑을 확인하시기 위해 두신 나무라고 주장하고 있습니다. 그러나 성경은 이보다 더 심각한 내용을 담고 있습니다. 성경의 초점은 단순한 확인 차원이 아닌 사느냐 죽느냐의 심각한 문제를 다루고 있다는 것입니다. 순종과 불순종이라는 추상적 개념의 문제가 아니라, 인간이 감히 하나님이 될 수 있느냐라는 아주 명확하고 구체적인 내용이 기록되어 있다는 것입니다.

하나님은 인간들에게 무엇이 선이고 무엇이 악인지를 가르치시고자 하셨습니다. 인간이 하나님이 되고자 하는 죄의 유혹을 받을 때 그 형벌(반드시 죽으리라!)을 미리 알리시고, 감히 피조물이 창조주가 되려는 시도를 하지 않는 것이 '선'이며, 그 계명을 어기고 피조물이 창조주가 되려하여 그 열매를 따 먹는 행위가 바로 '악'43)이라는 사실을 알리시고자 하신 것입니다. 하나님은 그런 용서 받지 못할 죄에 빠지지 않는 방법(먹지 말라!)을 가르쳐 주시고자 선악을 알게 하는 나무를 두신 것이었습니다. 결국 이 나무는 인간 보호를 위한 하나님의 특별한 임무를 수행하는 나무였습니다. 사람들에게 피조물이 지켜야 할 '선'이 무엇이지와 사

---

43) 김남준 목사는 "죄의 시작은 인간이 하나님께서 창조하신 목적에 따라 존재하기를 거부하는 것이었습니다. 최초의 유혹은 인간으로 하여금 하나님께서 창조하신 목적 안에 머물던 위치에서 떠나라는 유혹이었습니다. 창조의 목적을 따라 사는 것에 대하여 영혼의 싫증을 경험하게 되었고, 오히려 '하나님과 같이' 되고자 함으로써 하나님의 선 안에 머물러 있기를 거절하였습니다.(창 3:5) 그러나 그것은 하나님께서 인간을 지으실 때 지정해 놓으신 가장 좋은 자리를 떠난 것이었으며, 창조의 목적에 배치되는 것이었습니다. 결국 그들은 범죄 하였습니다."(『구원과 하나님의 계획』,부흥과 개혁사, p.23)라고 한다.

탄이 이미 저지른 '악'이 무엇인지를 알게 하는 나무였습니다. 그렇기 때문에 그 나무의 이름이 '선과 악을 알게 하는 나무'였던 것입니다.

결국 선과 악을 알게 하는 나무는, 하나님께서 그의 형상으로 지으신 인간을 사탄의 유혹으로부터 보호해야만 했으며, 사탄의 위험을 알리는 경고문의 역할을 해야만 했었기에 동산 어디서 보아도 잘 볼 수 있도록 중앙에 세우신 것입니다. 또한 특별한 금지 명령을 두심으로 그 나무에 대한 관심을 유도하셨습니다. '반드시 죽으리라!'는 엄한 형벌을 선언하심으로 선악과 언약을 어기는 죄의 심각성도 알리셨습니다. 그러므로 선악을 알게 하는 나무는 사탄의 타락을 먼저 경험하신 하나님께서 인간을 보호하시기 위해 선택하신 최상의 보호 장치였던 것입니다.

10. '선악을 알게 하는 나무의 열매'는 무엇을 상징하는 것일까요?

이제 우리는 이 글의 목적이라고도 할 수 있는 가장 중요한 질문에 대한 대답을 들어야 할 때가 되었습니다. 그것은 과연 선악과나무의 열매는 무엇을 상징하는 것일까라는 문제입니다. 열매의 정확한 의미를 이해하기 위해 먼저 나무에 대한 설명을 보충하려 합니다. 그동안 선악과나무의 열매에 대한 정의를 내린 사람들의 주장을 살펴보면 몇 가지 심각한 성경적 오류가 발견됩니다.

웬함의 주장대로 선악과가 하나님의 법궤 안에 있던 두 돌판처럼 보거나 만지지 못하도록 하기 위한 하나님의 율법을 상징한다면, 보거나 만지지 말아야 할 그 위험한 나무를 왜 동산 중앙에 두셨단 말입니까? 하나님의 백성들이 제사를 드렸던 성막은 사람들의 출입을 통제하는 곳이며, 특히 법궤가 있는 지성소는 일반인과 레위인, 심지어 제사장들마저도 출입을 엄격히 제한하고 있는 곳이고, 오직 대제사장이 일 년에 단한 번만 들어가도록 정하신 금지된 구역이기에 결코 사람들에게 공개된 장소가 아니었기 때문입니다. 그러나 선악과나무는 지성소처럼 사람들에게 숨겨지거나 금지된 곳이 아니라 동산의 가장 한 가운데 놓인, 모든 사람들이 평소에도 쉽게 접근이 가능하도록 되어 있는 공개된 곳에 두지 않았습니까? 44)

선악과를 율법으로 이해하는 사람들이 있습니다. 안타깝게도 그들은 타락 이전의 시대와 타락 이후의 시대의 율법의 목적과 기능에 대하여 혼동하고 있는 상태에 있습니다. 즉 타락 이후에 사람들의 죄를 깨닫게 하기 위해 주어진 율법의 목적(롬 3:20)45)을 타락 이전의 아직 죄를 짓지도 알지도 못하는 사람들에게 그대로 대입하여 해석하고 있다는 것입니다. 쉽게 말씀드리면, 독감이 걸리지 않은 사람에게는 예방접종이 필요한 것이지 아직 감기약이 필요하지 않은 것처럼, 죄짓기 전의 인류와 죄지은 이후의 인류에게는 각각 다른 처방이 내려져야 한다는 것입니다. 그러나 많은 사람들은 타락한 인간에게 주어진 율법이라는 감기약을 가지고 타락하지 않았던 상태의 아담과 하와에게 먹이려고 하고 있습니다. 그렇게 하면서도 성경을 정확하게 해석하고 있다고 믿고 있는 실정입니다.

이우승 씨는 "우리는 율법을 통해서 무엇이 선하고 의로운 행위이며 무엇이 악하고 저주스러운 행위인지 알 수 있습니다(마음에 품은 생각도 포함). 선악과나무는 우리에게 무엇이 선한 것이고 무엇이 악한 것인지를 깨닫게 해 줍니다. 따라서 결국 선악과나무는 율법을 의미하고 있음을 알 수 있습니다. 그리고 선악과나무의 열매는 율법의 각 조항인 계명을

---

44) 우리나라에서 발간된 선악과에 관한 단행본들은 모두 웬함의 주장처럼 선악과나무를 법궤 속의 '율법'과 같이 보고 있다.

45) "그러므로 율법의 행위로 그의 앞에 의롭다 하심을 얻을 육체가 없나니 율법으로는 죄를 깨달음이니라"(롬 3:20)

의미하는 것"46)이라고 주장합니다. 그러나 그의 주장에서도 여러 가지 오류가 발견되는데, 첫째는 이미 언급했듯이 타락 이후에 율법을 주신 목적을 가지고 타락 이전의 세대에 여과 없이 그대로 적용시키고 있다는 것이며, 둘째는 선악과 열매가 율법의 각 조항이라면 그것을 먹는 것이 어떻게 죄가 되는 것인가라는 문제입니다. 성경에서는 하나님의 말씀인 율법을 우리에게 받아먹으라고 여러 번 강조하고 있지 않습니까?(겔 3:1-3; 마 4:4) 그러므로 그의 주장은 성경의 여러 가르침들과 정면으로 대립되며 모순이 됩니다. 결국 선악과나무의 열매를 율법의 각 조항으로 이해하면 여러 문제들이 발생하게 되는 것입니다.

하나님이 인간에게 율법을 주신 목적은, 타락한 인간들에게 죄를 알게 하고, 깨닫게 하고 죄인 됨을 자각하며 하나님의 뜻이 무엇인지와 그 뜻대로 살아가도록 하기 위함이며, 그리하여 죄인들이 스스로의 힘을 의지하지 않고 하나님의 은혜를 의지하도록 하는데 있었다고 할 수 있습니다. 이 모두 타락한 인간들을 위한 하나님의 선물인 것입니다. 그러나 타락 이전 시대의 사람들인 아담과 하와에게는 이러한 율법보다는 다른 형식의 말씀이 주어져야 했습니다. 아직 죄를 알지 못하는 자들에게, 자신들의 죄를 기억나게 한다든지, 깨닫게 한다든지 하는 율법의 기능들은 전혀 소용없는 기능들이 아닐까요? 예방접종을 받아야 할 사람에게 감기약을 처방하고 있는 것과 같은 어리석은 적용인 것입니다.

하나님의 보좌를 상징하는 선악과나무의 열매

선악과는 인간이 감히 하나님의 자리를 넘보는 일을 막기 위해 세워졌습니다. 그리고 그 열매를 따 먹는다는 것은 바로 피조물 됨을 버리고 창조주의 영역에 도전하겠다는 의사표시였습니다. 하나님의 신성을 침범

---

46) 이우승, 『당신은 선악과나무의 비밀을 아시나요?』 (기독교문서선교회, 1999), p.123-124

하는 범죄행위인 것입니다. 이 일을 먼저 경험한 자가 있었으니, 바로 사탄입니다. 감히 하나님의 보좌를 넘본 것입니다. 결국 그는 실패하였지만, 하나님이 만드신 다른 인격적 피조물인 인간들에게 접근하여 자신과 동일한 방법으로 타락시키려 했습니다. 이에 하나님은 인간들을 보호하시려 하셨으며 그 대표적인 보호 장치가 바로 선악과나무와 그 열매였습니다.

그러므로 선악을 알게 하는 나무의 열매는, 하나님의 불가침적인 신성, 특히 그 중에서도 하나님의 보좌를 상징하는 것입니다. 하나님의 보좌를 탐내는 일을 사탄이 먼저 시도하였고, 나중에는 인간들도 동일한 시도를 하도록 유혹했기 때문입니다. 그러나 하나님의 보좌는 그 어떤 피조물들이라 할지라도 함부로 침범하거나 빼앗을 수 있는 그런 영역이 결코 아닙니다. 사탄과 인류는 신이 되고자 하는 욕심에 이끌리어 사리분별을 제대로 하지 못한 것입니다.

선악과나무의 열매가 하나님의 보좌를 상징한다는 확실한 성경적인 증거가 있습니다. 요한 계시록의 말씀을 살펴보면, "…**하나님과 그 어린양의 보좌가 그(새 예루살렘 성) 가운데에 있으리니…**"(계 22:3)라고 기록하고 있는데, 그 옛날 에덴동산의 한 가운데에 선악과나무와 생명나무가 있었듯이, 새 에덴동산의 중앙에는 하나님의 보좌와 어린양의 보좌가 있다고 성경이 기록하고 있기 때문입니다. 즉 중앙은 통치의 자리를 상징하는데, 그 자리에 하나님의 보좌가 있다는 것은 그 옛날 동산 중앙에 있던 선악과의 열매가 바로 이런 역할을 대신하고 있었다고 말할 수 있는 근거가 되는 것입니다. 그러므로 동산 중앙에 있던 선악과나무는 인간을 향한 하나님의 통치의 메시지를 전하고 있었으며 그 나무의 실과는 피조물이 감히 범하지 말아야 할 하나님의 통치의 영역, 신성의 영역, 그리고 보좌의 영역을 상징하고 있었던 것입니다. 이것은 사탄이 어리석게 도전한 영역이 바로 하나님의 통치의 영역을 상징하는 하나님의 보좌였다는 사실에서도 확인됩니다.

그렇다면 아담과 하와가 그 열매를 따 먹었다고 해서 하나님의 신성이 침해를 받은 것일까요? 결코 그렇지 않습니다. 선악과 열매는 상징적인 열매이지 하나님의 보좌, 그 자체는 아니기 때문입니다. 하나님의 신성은 인간이나 그 누구를 통해서도 결코 침범을 받지 않으십니다. 심지어 사탄의 배반과 공격 역시 하나님의 신성을 침범하려는 시도였을 뿐, 결코 그가 하나님의 신성을 침범하지는 못했던 것입니다.

11. 왜 하나님은 인간의 타락을 직접 막지 않으셨을까요?

인류의 원죄와 관련된 가장 큰 의문 중 하나는, 인류의 범죄를 미리 아신 하나님께서 그것을 사전에 적극적으로 막지 않으신 이유가 과연 무엇인가라는 것입니다. 그리고 이 문제는, 하나님께서 범죄의 원인을 제공한 사탄을 미리 결박하지 않으신 이유와도 관련되어 있으며, 인류의 타락을 미리 아시고도 인간 창조를 계획대로 추진하신 이유와도 직접 연결되어 있습니다. 결국 인류의 범죄를 막지 않으신 이유와 사탄을 결박하지 않으신 이유, 그럼에도 불구하고 인간을 창조하신 이유는 과연 무엇일까요?

아담의 범죄를 적극적으로 막지 않으신 이유

첫째, 선악을 알게 하는 나무 바로 그 자체가 인간의 범죄 가능성을 예방하고자 하는 하나님의 적극적인 보호 장치였기 때문입니다. 사람들은 계속해서 선악과나무 때문에 인간이 죄를 지었다고 생각하지만, 위에서 언급한 대로 인간이 죄를 지은 근본적인 이유는 선악과나무 때문이 아니라 피조물이 창조주의 자리에 앉고자 하는 헛된 욕망 때문이었습니다. 다시 말해, 만약 선악과나무가 없었다 하더라도 사탄은 다른 방법으로 인간을 유혹했을 것이며 그리하여 아담으로 하여금 하나님처럼 되고 싶은 욕망을 불러일으킨 후 자신과 똑같은 용서받지 못할 죄를 짓도록 했을 것이 분명합니다. 그러므로 선악과나무는 이러한 사탄의 공격과 유혹을 이겨낼 수 있는, 하나님이 만드신 가장 안전한 보호 장치였으며 하나님이 인간에서 주신 최고의 선물이었던 것입니다. 그러므로 하나님은 아담의 범죄를 적극적으로 막지 않으신 것이 아니었습니다. 하나님은 인류를 가장 안전한 보호 장치로써 범죄의 유혹으로부터 아주 적극적으로 막으신 것이었습니다. 그럼에도 불구하고 인간이 죄를 지은 것은 전적으로 인간의 책임이므로 더 이상 하나님께 그 책임을 물어서는 안 되는 것입니다.

둘째. 선악과 명령은 아담에게 너무나 쉬운 명령이었기 때문입니다. 헤르만 바빙크는 "하나님 자신은 모든 시험을 초월하고 아무도 시험하지 않음을 분명하고 명확하게 진술하고 있다. 그는 시험하실 때 타락시킬 의도는 없으시고 사람이 감당하지 못할 시험은 하지도 않으신다.(고전 10:13). 아담에게 준 시련의 명령은…그의 능력을 결코 넘어서는 시험도 아니었다. 인간적으로 말해서 아담은 그 명령을 쉽게 지킬 수 있었다. 왜냐하면 그것은 가벼운 명령이었고 그에게 허락되고 주어졌던 모든 것들과는 비교할 수 없었기 때문이다."47)라고 했습니다. 선악과 명령의 본질은 결코 가볍지 않으나 그것을 지킬 수 있는 방법은 아주 가벼웠던 것입니다. 즉 단순히 그 열매를 따 먹지만 않으면 되었기에, 바빙크는 선악과 명령 준수의 지시가 결코 무겁지 않았다고 표현하고 있는 것입니다.

---

47) 헤르만 바빙크, 『하나님의 큰일』(기독교문서선교회, 1998), p.213.

셋째, 만약 하나님께서 하와가 범죄하는 그 순간에 직접 나타나셔서 사탄과 하와를 꾸짖으시고 죄짓지 않도록 하셨다 하더라도 그것은 임시 방편밖에 되지 않기 때문입니다. 하나님이 하와의 범죄를 막으셨다 하더라도 그 이후에 에덴동산에 거하게 될 아담의 후손들 중 그 누군가가 하와가 지은 죄와 동일한 죄를 지을 가능성은 언제든지 남아 있었기 때문입니다. 사탄은 계속해서 아담의 후손들에게 나타났을 것이고 그들을 사용하여 아담으로 하여금 하나님의 보좌를 넘보라는 유혹을 했을 것입니다. 그렇기 때문에 하나님은 아담과 하와 당시의 그 한 순간만을 모면하려는 일시적인 시도를 하지 않으신 것입니다. 오히려 근본적이며 지속적인 대책을 세워 주시기로 작정하신 것입니다. 그것이 바로 선악을 알게 하는 나무가 주는 교훈이었습니다. 이 교훈은 자자손손 대대로 지켜져야 할 절대 절명의 언약이었습니다.

12. 하나님께서 사탄을 미리 결박하지 않으신 이유는 무엇일까요?

첫째, 사탄은 그 당시 가장 힘센 천사였다는 사실이 중요합니다. 신하가 반역을 일으켰을 때 왕이 직접 칼을 빼어 들고 반역자들을 처단하는 것은 그리 보기 좋은 모습은 아닙니다. 대게 왕은 자신을 섬기는 충성스런 다른 신하를 통해 반역자들을 잡아들이거나 처형하는 방법을 사용합니다. 충성스런 신하들에게 명령만 내려도 그들은 왕의 명령을 받들어 반역자들을 즉각 처단하게 됩니다. 신하는 신하의 손을 통해 벌해야 더욱 왕의 권위와 위엄이 세워지는 것이며 신하들 사이에서도 그 질서가 올바로 세워지게 됩니다. 그런데 그 당시 가장 능력 있는 하나님의 신하는 바로 타락한 루시퍼였다는 사실입니다. 그를 사로잡아 결박할 만한 더 큰 능력을 가진 천사들이 없었을 것입니다. 물론 하늘 전쟁에서 사탄과 그의 무리들이 하나님의 선한 천사들에게 전쟁에서 지기는 하였지만, 사탄이 결박될 만큼 그리 호락호락하지는 않았습니다. 그가 하나님의 거룩한 산에서 다른 그룹들에 의해 쫓겨나기는 했지만(겔 28:16), 사탄을 결박할 수는 없었던 것 같습니다. 또한, 이것은 아직 그의 때가 되지 않았기 때문이기도 합니다. 결국 루시퍼는 천사들 중 각 분야에서 가장 탁월한 능력을 가진 천사들을 유혹하여 반역을 일으켰음이 확실해 보이기에 그들은 결코 만만한 적들이 아니었던 것입니다. 사탄은 전쟁에서 승리하기 위해 최고의 엘리트들을 모았을 것이 분명합니다.

다니엘서 12장을 보면, 하나님께서 다니엘에게 보내신 천사를 중간에 사탄과 악한 영들이 방해하였다는 기록이 있습니다. 그리하여 21일 동안 지체되었는데, 군장 중에 하나인 미가엘이 와서 그 천사를 도와줌으로 인해 다니엘에게 하나님의 메시지를 가지고 올 수 있었다는 기록이 등장합니다. 천사장 미가엘이 도우러 와야 할 상황이었다는 기록은, 악한 천사들이 얼마나 강한 군대인가라는 것을 잘 말해 주는 것이 됩니다.

사탄과 그의 무리들은 보통 천사들이 아니라 많은 능력을 지닌 존재들이기에 하나님의 천사들이 그들 모두를 결박할 수 있는 것은 아니었습니다. 그래서 일부는 붙잡아 지옥에 가두었으나 사탄과 다른 많은 악한 천사들은 도망을 갈 수 있게 된 것입니다.[48]

둘째, 아담과 하와가 사탄에게 빼앗긴 세상권세를 되찾기 전에는 결코 그를 결박해서는 안 되기 때문입니다. 중요한 영적인 사실 중에 하나는,

---

48) "하나님이 범죄 한 천사들을 용서하지 아니하시고 지옥에 던져 어두운 구덩이에 두어 심판 때까지 지키게 하셨으며"(베드로후서 2:4)라고 기록되어 있다. 이 성경이 기록된 당시에도 세상에는 수많은 악한 영들이 활동하고 있었다. 만약 위의 말씀에 언급된 범죄한 천사들이 당시 하나님을 배반한 모든 천사들을 다 포함한다면 예수님 당시에 활동하던 악한 영들의 존재와 성경의 여러 가르침은 설명하기 불가능하게 된다. 즉, 하나님께서는 그들 중 일부분만 잡아서 지옥에 던져 심판 때까지 그들을 가두어 두셨다는 것이다. 이것 역시 당시 도망한 천사들이 얼마나 능력 있고 영악한지를 알 수 있게 해 주는 말씀이다.

하나님께서 아담에게 주신 세상권세를 사탄에게 빼앗기고 말았다는 사실입니다. 그래서 사탄은 공중의 권세 잡은 자가 되었습니다. 이제 하나님께서 사탄을 결박하여 쉽게 지옥에 가둘 수 없는 이유가 생기게 된 것입니다. 사탄에게 빼앗긴 세상권세를 되찾기 전에는 사탄을 영원한 지옥에 가둘 수 없기 때문입니다. 왜 그럴까요? 세상권세를 되찾지 않고 그를 결박한다는 것은 영적인 질서에 있어서 합당하지 않기 때문입니다. 인간은 더 좋은 것을 얻으려고 사탄에게 순종하였고 그 순종의 표시로 세상권세를 그에게 내어 주었지만, 이는 어린아이가 아무것도 모르는 상태에서 어른의 유혹에 못 이겨 자신의 사탕을 내어 준 것과는 다른 문제입니다. 아담과 하와는 엄연한 성인이었으며 자신의 모든 행동에 자율성과 책임성을 지닌 온전한 인격체였습니다. 자율적으로 내어 준 것을 무력으로 빼앗아 올 수는 없기 때문입니다. 그렇기에 하나님은 독생자의 십자가 사건을 계획하셔야만 했고, 이 사실을 일급비밀로 굳게 지켜 오셨던 것입니다. 하나님의 방법은 다름 아닌 사탄 스스로 그 권세를 잃어버리도록 하는 것이었습니다. 그렇다면 어떻게 사탄은 스스로 그 권세를 잃어버릴 수 있게 되었을까요?

사탄은 하나님의 독생자가 이 땅에 내려온 것을 보고 매우 당황하였습니다. 그의 악한 무리들은 예수님을 먼 거리에서 목격하고도 벌벌 떨었습니다. 군대 귀신 들린 자의 사건을 통해 마귀들은 자신들의 심판이 아직 이르지 않았는데 왜 벌써 오신 것이냐는 불평을 하기도 했습니다(마8:29). 결국 하나님이 육체를 입고 이 땅에 내려오신 것을 본 사탄은 다급한 나머지 큰 실수를 저지르고 말았습니다. 그것은 죄 없는 사람, 무고한 사람을 그가 죽였다는 데 있습니다. 사탄은 제2위이신 하나님이 이 땅에 내려오신 사실을 깨닫고 어떻게 해서든지 그 분을 다시 하늘나라로 올려 보내고 싶어 했을 것입니다. 하나님이 이 땅에 계시는 한, 자신의 모든 행동에는 제약이 있을 것이며 무슨 일이든지 마음 놓고 행할 수 없어 매우 불편하며 두려웠던 것입니다. 그래서 그는 인간의 육체를 입으신 제2위 하나님을 육체와 분리시켜 하늘로 돌려보내기 위해 그 분의 육과 영혼을 분리시키려 했던 것입니다.

그러나 이것은 사탄의 결정적인 실수였습니다. 첫 아담에게서 빼앗은 권세는 첫 아담이 자발적으로 그에게 내어 준 것이었지만, 둘째 아담이신 예수님에게 행한 살인죄로 인해 그는 세상 권세를 잃어버리게 되고 맙니다. 사탄은 죄 없는 자들을 죽일 권세는 없기 때문입니다. 첫 아담의 후손들은 모두 죄인들이었기에 그들 중 한 사람을 죽였다면 그의 권세를 잃어버릴 정도는 아니었겠지만, 그러나 그가 죽인 나사렛 예수는 전혀 죄가 없는 자였으며, 그의 신분은 한 개인이 아닌 인류의 대표자이신 둘째 아담이었기 때문입니다. 그러므로 그는 첫 아담에게 빼앗은 세상권세를 둘째 아담에게 내어 주지 않으면 안 되었던 것입니다. 이것이 바로 세상권세를 되찾아 오기 위한, 그리고 사탄을 결박하기 위한 하나님의 전략이었으며 복음의 비밀이었던 것입니다.

그러므로 하나님은 사탄에게 빼앗긴 세상권세를 되찾는 일부터 행하셔야 했던 것입니다. 그렇기 때문에 하나님께서는 아담이 타락하자마자 원시복음이라고 하는 창세기 3장 15절의 말씀을 주시면서 예수 그리스도 (여자의 후손)가 사탄의 머리를 상하게 할 것이라고 말씀하신 것입니다. 예수님이 사탄을 이기시기 전에 사탄을 잡아들였다면, 인간의 구원문제는 어떻게 되었을지 아무도 모를 일입니다. 아마 인간은 구원받지 못했었을 수도 있습니다. 사탄에게 빼앗긴 세상권세를 죄 없는 둘째 아담이시요 마지막 아담 되신 예수님이 되찾아 와야만 인간도 구원하고 사탄과 악한 영들도 심판할 수 있었기 때문입니다. 이 이유는 사탄의 결박을 미루실 수밖에 없었던 가장 중요한 이유입니다.

셋째, 사탄을 결박할 수 있는 자는 오직 하나님의 아들 예수 그리스도 밖에 없었기 때문입니다. 이처럼 최고의 능력을 소유한 사탄과 그의 무리들은 하나님의 천사들이 서로 싸워서 이길 수는 있지만 그들 모두를 결박할 정도의 힘은 되지 않았습니다. 그러므로 이제 천사들 중 가장 강했던 루시퍼와 그의 무리들을 직접 결박할 수 있는 존재는 오직 하나님의 아들밖에 없다는 결론에 이르게 됩니다. 그것도 십자가의 능력을 소유한 독생자의 권세뿐인 것입니다. 십자가의 권세를 가진 자만이 사망권세 잡을 자를 이길 수 있기 때문입니다. 그래서 하나님은 독생자이신 예수님을 이 땅에 보내실 역사적인 시간이 필요했던 것입니다. 하나님은 독생자를 이 땅에 보내어 사망권세를 이기게 하셨고, 그 후에 사탄과의 영적인 전쟁에서 승리하게 하셔서 마지막 재림하실 때 사탄을 영원히 결박하실 계획을 세우셨던 것입니다.

"그 때에(마지막 때) 불법한 자(사탄의 권세를 입은 자)가 나타나리니 주 예수께서 그 입의 기운으로 저를 죽이시고 강림하여 나타나심으로 폐하시리라"(살후 2:8)

천년왕국을 설명하는 요한계시록 20장 전반부에는 천사가 내려와 사탄을 결박한다고 되어 있습니다(잠시 동안의 결박). 그리고 요한계시록 20장 후반부에는 마지막 날에 하늘에서 불이 내려와 사탄을 지옥에 던진다고 기록되어 있습니다. 그리고 앞에 인용되어 있는 데살로니가후서 2장 8절에는 예수께서 입의 기운으로 사탄을 죽이신다고 기록되어 있습니다.

그러나 천사가 사탄을 결박한다는 계시록의 말씀과 예수님이 사탄을 죽이신다는 데살로니가후서의 말씀은 서로 다른 내용이 아닙니다. 즉 요한계시록 20장의 천사는 세상권세를 이기신 예수님의 권세를 힘입었기 때문에 사탄을 결박할 수 있는 것입니다(잠시 동안의 결박). 그리고 천년 후에 다시 잠시 놓임을 받은 사탄은 마지막 발악을 하다가 하늘에서 내려온 불(하나님의 직접적인 심판=예수님의 심판)에 의해 영원한 결박을 당하고 마는 것입니다. 이처럼 사탄을 결박할 수 있는 권세는 하나님의 아들의 권세밖에 없었기 때문에 사탄의 영원한 결박까지는 시간이 필요했던 것이었습니다.

결국 하나님이 사탄의 결박을 위해 일정기간 기다리신 것은, 예수님이 오시기 이전까지는 독생자를 세상에 보내어서 사탄을 이겨 빼앗긴 세상 권세를 되찾아 오시기 위해 기다리셨고, 그 후부터 재림까지는 수많은 사람들에게 구원의 기회를 주시기 위해 기다리셨던 것입니다. 그렇기 때문에 하나님은 사탄을 즉시 잡아들이지 않았던 것입니다. 이러한 영적인 질서와 법적인 절차, 그리고 무엇보다도 인간의 구원 문제 때문에 하나님은 사탄을 즉시로 결박하지 않으셨던 것입니다. 하나님이 사탄에게 일정한 시간을 허용하신 것 역시 인간을 구원하시기 위한 하나님의 사랑 때문이었던 것입니다.

13. 죄지을 것을 미리 아셨음에도 불구하고 인간을 창조하신 이유는 무엇일까요?

이 문제를 해결하기 위해서 우리는 다음의 사실을 명확하게 인지해야 합니다. 즉, 인간의 범죄와 타락을 예지하신 성부 하나님은 성자 하나님의 십자가 형벌과 죽으심 또한 예지하셨다는 사실입니다. 모든 인류의 불행의 원인을 하나님의 창조행위에 두고자 하는 원망 섞인 인간들의 질문에 대해, 하나님은 자신의 목숨을 걸고 인간을 창조했다는 사실 밖에 해 줄 말이 없으신 것입니다. 인간 창조가 독생자의 죽으심을 가져올 것을 명확하게 예지하고 계신 하나님께서 그 아들의 죽음을 감수하고 인간 창조를 행하셨다는 것은 하나님의 목숨과 맞바꾼 창조행위였다고 표현할 수밖에 없는 것입니다.49) 그만큼 인간들을 크게 사랑하셨다는 뜻입니다.

그러면 우리는 어떠한 자들인가요? 하나님의 목숨과 바꿀 정도로 존귀한 자들인가요? 결론부터 말하자면 그렇다고 대답할 수 있습니다. 벌레만도 못한 인간들이라고들 하지만 실제로 우리는 하나님의 창조에 있어 지극히 존귀한 자들이며 신비한 목적 가운데 지음 받은 자들입니다. 하나님이 목숨 걸고 창조하실 만큼 소중한 존재들이며 비밀스런 목적을 소유한 자들인 것입니다. 그 소중함과 신비한 목적은 무엇인가요?

존 스토트 목사는 "하나님께서 '그 기쁘신 뜻대로 우리를 예정하사 예수 그리스도로 말미암아 자기의 아들들이 되게 하셨으니'(엡1:5)라는 이 구절은 선택의 현재적인 모습을 이해하는데 열쇠가 된다. 선택은 자녀삼음을 목적으로 이루어졌다. 실제로 어떤 사람들은 하나님께서는 인류의 타락이 곧 뒤따를 것을 아시면서 왜 창조를 진척시켰느냐는 사색적인 질문을 던지곤 한다. 그러한 질문에 대한 잠정적인 대답 중 하나는, 하나님께서 창조를 통해 주시려는 것보다 더욱 고귀한 존엄성을 주시려고 예

---

49) 에릭슨은 "하나님께서 죄와 죄의 악한 결과들을 스스로 떠맡으셨다는 사실은 악의 문제의 해결을 위한 기독교 교리의 유일한 공헌이다. 스스로가 죄로부터 초래된 악의 희생 제물이 되도록 작정하셨다는 사실을 아시면서도, 하나님께서 어쨌든 죄를 허용하셨다는 사실은 주목할 만하다. 성경은 우리에게 하나님께서 인간의 죄악으로 인하여 슬퍼하셨다고 말씀하신다(창6:6). …하나님은 제2위격이 땅 위에 오셔서 수많은 악들-배고픔, 피로, 배반, 조롱, 거절, 고통, 그리고 죽음-에 예속될 것이라는 것을 알고 계셨다. …하나님은 우리와 함께 이 세상의 악에 대하여 함께 고통을 겪으셨으며, 따라서 우리를 악에서 구원하실 수 있다. 이 얼마나 측량할 수 없는 사랑인가! 죄와 그것으로 인한 악을 허용하신 것에 대하여 하나님의 선하심을 비난하는 어떤 사람도 하나님께서 자기와 우리가 악에 대한 승리자가 되도록 하기 위하여 스스로 악의 희생물이 되셨다는 성경의 가르침에 대한 그러한 비난을 평가해 보아야 할 것이다."라고 한다. (밀라드.J.에릭슨, 『복음주의 조직신학』 크리스천 다이제스트, 1997, p.490-491.)

정하셨기 때문이다. 하나님은 우리를 입양시켜서 우리를 당신의 아들과 딸들로 삼으려고 작정하셨다."라고 했습니다.50) 예지를 통하여, 하나님은 잃어버리실 것과 감수하셔야 할 것들을 미리 아셨음에도 불구하고, 더 존귀한 목적을 위하여 인간 창조를 감행하신 것이었습니다. 그 존귀한 목적이란, 바로 우리들을 하나님의 자녀로 삼는 것입니다. 목숨 걸고 인간 창조를 행하신 하나님께 무한 감사할 뿐인 것입니다.51)

하나님께서 타락한 천사들을 위해서 죽으신 적이 있습니까? 그런 일은 결코 없었으며 앞으로도 없을 것입니다. 하나님은 오로지 인간만을 위해서 자신의 목숨을 기꺼이 내어 놓으셨습니다. 그렇다면 우리는 하나님을 향하여 무슨 마음을 품어야 합니까? 인간의 타락으로 인한 여러 가지 불행 때문에, 위대한 인간 창조를 행하신 하나님을 감히 원망할 수 있는 것일까요? 인간의 불행이 하나님의 목숨보다 과연 더 중대한 문제입니까? 하나님은 인간을 전혀 잘못 만들지 않으셨는데, 오히려 너무나 잘 만드셔서 흡족해 하셨을 정도였는데,52) 그런데 그렇게 완벽하게 잘 만든 인간이53) 스스로 악을 발동하여 자신을 만드시고 복 주시고 은혜

---

50) 존 스토트, 『성도들이 만드는 새로운 사회』(기독지혜사,1986), p.47-48.
51) 에베소서를 살펴보면, 하나님이 구원받을 인간들을 택하신 것은 언제나 '그리스도 안'에 서였다. 하나님은 언제나 그리스도 안에서 인간을 창조하시고 예정하시고 구속하시고 기업이 되게 하셨다고 기록하고 있다. 이는 인간 창조의 목적이 그리스도의 십자가 사역과 필수적인 관계가 있음을 나타내는 것이다. "곧 창세전에 그리스도 안에서 우리를 택하사 우리로 사랑 안에서 그 앞에 거룩하고 흠이 없게 하시려고 그 기쁘신 뜻대로 우리를 예정하사 예수 그리스도로 말미암아 자기의 아들들이 되게 하셨으니 이는 그가 사랑하시는 자 안에서 우리에게 거저 주시는 바 그의 은혜의 영광을 찬송하게 하려는 것이라"(엡 1:4-6)
52) "하나님이 지으신 그 모든 것을 보시니 보시기에 심히 좋았더라 저녁이 되고 아침이 되니 이는 여섯째 날이니라"(창1:31)
53) 바빙크는 "첫 두 인간의 죄의 경우 변명할 만한 완화된 환경들이 전혀 없다.…그들에게 시련의 명령을 알려주는 특별 계시, 부정할 만한 것이 거의 없는 시련의 명령 내용, 범죄에 이르지 못하게 하는 그 위협의 심각성, 그 결과의 무서움, 그의 본성의 거룩성 등 이런 모든 환경들이 그들의 죄책을 더욱 크게 할 뿐이다."라고 한다. (『하나님의 큰일』기독교문서선교회, 1998, p.214.)

베풀어 주신 하나님을 배신, 배반, 반역하지 않았습니까? 하나님은 이것까지 감수하시고 우리에게 목숨 걸고 새 생명을 주시고자 하셨는데, 그런 하나님께서 우리의 불만과 의심 섞인 질문을 받으셔야 하겠습니까? 다시 한 번 더 강조하지만, 하나님은 우리들을 목숨 걸고 창조하셨습니다. 그리고 우리는 주님의 거룩한 희생 앞에 무한한 감사와 찬양과 영광만 돌려 드려야 하는 것입니다.

제10장 생명나무의 길을 지키신 하나님

"여호와 하나님이 이르시되 보라 이 사람이 선악을 아는 일
에 우리 중 하나같이 되었으니"(창 3:22a)

1. 사탄과 동일한 상태에 빠진 아담 - '우리 중 하나'는 누구인가?

하나님은 영생을 잃어버려 다급해진 아담이 급한 마음에 생명나무의
열매를 따 먹는 일을 적극적으로 막기로 결정하셨습니다. 그리하여 두루
도는 화염검으로 생명나무의 길을 지키도록 하셨습니다. 하나님은 왜 아
담에게 이런 조치를 취해야만 했을까요? 이 문제를 해결하기 위해 우리
는 가장 먼저 22절 상반부의 하나님 걱정을 이해해야 합니다. 그 이해의
출발은 '우리 중 하나'가 누구인지를 올바로 해석하는 일입니다.

많은 사람들이 이 구절의 뜻을 정확하게 알지 못하고 있습니다. 대부
분은, 하나님께서 '우리'라고 하셨다면 혹 삼위일체 하나님 중 한 분이시
지 않을까라고 생각합니다. 그러나 성경에서 하나님이 '우리'라는 표현을

사용하실 때, 두 가지의 경우로 사용된다는 사실을 알아야 합니다.

첫째, 바로 삼위일체 하나님을 나타내는 표현법입니다. "하나님이 이르시되 우리의 형상을 따라 우리의 모양대로 우리가 사람을 만들자"(창 1:26)라는 말씀에서 '우리'는 바로 삼위일체 하나님을 나타내고 있습니다. 그렇다면, 삼위 하나님 가운데 '선악을 아는 일'에 범죄한 분이 계십니까? 하나님이 사용하신 '우리 중 하나'라는 표현은 인간이 선악과를 범한 이후에 사용하신 표현이므로 반드시 아담과 동일한 죄를 지은 자를 가리켜야만 하는데, 삼위일체 하나님 중 한 분으로 해석하면 전혀 앞뒤가 맞지 않게 됩니다. 그러므로 당연히 이 첫 번째 경우는 옳지 않다는 사실을 알게 됩니다.

둘째, 하늘의 천사들을 향하여 말씀하실 때에 '우리'라는 의미가 사용되었습니다. 욥기에 보면 "하루는 하나님의 아들들이 와서 여호와 앞에 섰고 사탄도 그들 가운데에 온지라"(욥 1:6), "또 하루는 하나님의 아들들이 와서 여호와 앞에 서고 사탄도 그들 가운데에 와서 여호와 앞에 서니"(욥 2:1)라는 표현이 등장합니다. 하늘에서 쫓겨 난 자로만 알고 있던 사탄이 하나님의 아들들이 하나님과 회의하던 장소에 두 번이나 함께 참여하여 주님과 대화하는 장면입니다. 여기서 천사들을 향하여 사용하신 표현이 '하나님의 아들들'이라는 것인데, 이것은 천사들을 향하여 아버지와 아들의 관계, 즉 가족관계로 표현한 것입니다. 그러므로 창세기 3장 22절의 '우리 중 하나'는 다름 아닌, 하나님의 아들 중 하나였던 '사탄'을 가리키는 것이 됩니다. 그가 비록 타락하기는 했지만, 하나님은 타락하기 이전의 사탄도 하나님의 아들들 중에 하나였다는 사실을 상기하며 안타까운 마음으로 그 표현을 하신 것이었습니다. 아담이 피조물이 넘지 말아야 될 선을 넘고자 하였고, 그것이 바로 '선악을 아는 일' 즉, 피조물이 감히 창조주가 되려는 죄에 '우리 중 하나' 였던 사탄과 동일한 상태가 되었음을 가슴 아파하시며 언급하신 것이었던 것입니다.

2. 생명나무를 욕심낸 아담

"그가 그의 손을 들어 생명나무 열매도 따 먹고 영생할까
하노라 하시고"(창 3:22b)

언뜻 보면, 위의 말씀은 하나님께서 아담이 생명나무의 실과를 따먹고
영생하는 것을 싫어하시는 것처럼 느껴집니다. 그러나 하나님께서는 우
리를 살리시기 위해 독생자까지 주신 분이시므로 그것은 타당하지 않은
추론입니다. 그렇다면 하나님은 왜 아담이 생명나무의 열매를 따 먹고
영생하는 것을 막으신 것일까요? 선악과를 따 먹고 영생을 잃어버린 아
담이기에 이제 바로 옆에 있던 생명나무의 열매를 먹기만 하면 잃어버린
영생을 되찾을 수도 있는 것이 아닐까요? 아담 역시 이와 같은 생각을
하였던 것 같습니다. 그러나 죄인이 다시 생명을 얻는 일은 그렇게 간단
히 해결되는 문제가 아니었습니다.

1) 자기 죄의 심각성을 깨달은 아담

아담은 시간이 흐를수록 자신이 지은 죄가 보통 죄가 아니라는 사실
을 직감하였을 것입니다. 한 순간의 욕심으로 인해 영생도, 세상 권세도,
하나님도 그리고 에덴동산도 잃어버리게 되었습니다. 아담은 점점 불안
함과 위기감을 느꼈을 것입니다. 앞으로 닥쳐올 일들을 상상할 때 그 고
통을 견딜 수 없었을 것이 분명합니다. 궁지에 몰린 아담은 바로 이 때,
한 가지 기발한 아이디어를 떠올리게 됩니다. 바로 선악과 옆에 있던 생

명나무의 열매를 따 먹으면 잃어버린 영생을 되찾을 수도 있지 않을까라고 생각한 것이었습니다. "그 손을 들어 생명나무 열매도 따 먹고 영생할까"라는 말씀은 하나님의 생각이 아니라 아담의 생각을 표현한 것입니다. 히브리 원문을 분석해 볼 때에도 그러한 화법을 잘 확인할 수 있습니다. 즉 하나님은 아담의 생각과 계획을 관통하고 계셨던 것입니다.

아담은 생명나무의 열매를 따 먹기만 하면 모든 것들이 다시 회복될 것이라는 생각을 하였지만, 그러나 그것은 잃어버린 생명을 되찾을 수 있는 방법이 결코 아니었습니다. 오히려 아담의 육신의 생명에 치명적인 결과를 초래할 수도 있는 너무나도 위험한 방법이었습니다.[54] 그러면 왜 그 일이 위험한 일이 될 수도 있었을까요?

2) 죄인이 생명나무의 열매를 먹었을 때

에덴동산의 생명나무는 이름 그대로 생명을 상징하는 나무입니다. 생명나무는 생명력이 넘치는 에덴동산의 상징물이었습니다. 모든 생명을 창조하신 하나님의 은혜를 상징하는 나무인 것입니다. 이미 영생을 소유하고 있던 아담과 하와는 이 나무의 열매를 굳이 먹지 않아도 되었습니다. 그러나 죄를 지은 후 아담은 자신이 선악과 언약을 어김으로 인해 영생을 잃어버리게 되었음을 직시하게 됩니다. 다급해진 아담은 생명나무의 열매를 떠올리게 되었고, 그 나무의 열매를 따 먹으면 모든 것이 제자리로 돌아갈 줄로만 생각했습니다. 그리하여 아담은 생명나무를 따 먹기 위해 에덴동산으로 발걸음을 옮겼습니다. 그러나 아담은 생명나무의 열매를 먹기 위해 반드시 지켜져야 하는 원칙을 망각하고 있었습니

---

54) 이는 아담이 죄를 지음으로 인해 영적으로 분별력을 잃어버렸음을 의미한다. 이제 육에 속한 사람이 된 것이다. "육에 속한 사람은 하나님의 성령의 일들을 받지 아니하나니 이는 그것들이 그에게는 어리석게 보임이요, 또 그는 그것들을 알 수도 없나니 깨닫지도 못하나니 그러한 일은 영적으로 분별되기 때문이라"(고전2:14)

다. 그것은 바로 생명나무의 열매를 먹을 수 있는 자는 오직 죄 없는 사람만 가능하다는 사실입니다.

> "자기 **두루마기를 빠는 자들**은 복이 있으니 이는 그들이 **생명나무에 나아가며** 문들을 통하여 **성에 들어갈 권세를 얻으려**
> 함이로다 개들과 점술가들과 음행하는 자들과 살인자들과 우상
> 숭배자들과 및 거짓말을 좋아하며 지어내는 자는 성 밖에 있
> 으리라"(계 22:14-15)

즉 어떤 죄인이 그의 죄가 해결되지 않은 상태에서는 생명나무가 있는 곳으로 들어갈 수도 없고 열매를 먹을 수도 없으며 먹어서도 안 된다는 가르침입니다. 만약 죄 있는 자가 그 죄를 해결 받지 못한 채 생명나무의 열매를 먹으면 그는 바로 그 자리에서 즉사하고 맙니다. 손에 물을 가득 묻힌 상태에서 전선을 잡고 콘센트에 코드를 꽂으면 물로 인해 감전되는 것과 같은 원리입니다. 죄를 손에 가득 묻히고서 생명나무를 만지면 전기에 감전사 하듯 아담의 육신의 생명조차 즉사하게 되는 비극적인 상황을 맞이하기 때문입니다. 그리하여 디카슨은 "그들은(그룹들) 화염검을 갖고 생명나무의 길을 지켜 죄를 범한 인간은 하나님의 존전에 접근하지 못하게 하며…그들은 죄와 낙원이 양립할 수 없음을 가르쳐 준다. 죄를 범한 인간은 그리스도를 신뢰함으로 얻어지는 의를 갖지 않고는 하나님께 접근할 수 없다."[55]고 하였습니다. 이제 생명나무마저 죄지은 아담에게는 위험한 나무가 되고 만 것입니다. 생명나무는 죄 없는 에덴동산, 하나님의 동산, 즉 천국을 상징하는 나무이기에, 죄인이 그 죄를 해결 받지 못한 상황에서는 결코 천국에 들어갈 수 없는 원리와 동일한

---

55) C.F. Dickason, 『Angels, Elect and Evil』 (성광문화사, 1981), p.81

것이었습니다.

하나님께서는 모세에게 시내산에서 율법을 주실 때, 그의 백성들을 향하여 그 산으로 올라오지 못하도록 하셨습니다. 그 이유는 죄 있는 백성들이 호기심으로 하나님이 임재하고 계신 시내산으로 올라오면 죄 없으신 하나님께서 그들을 충돌하시사 백성들이 즉사할 것을 염려하셨기 때문이었습니다. "여호와께서 모세에게 이르시되 내려가서 백성을 경고하라 백성이 밀고 들어와 나 여호와에게로 와서 보려고 하다가 많이 죽을까 하노라 또 여호와에게 가까이 하는 제사장들에게 그 몸을 성결히 하게 하라 나 여호와가 그들을 칠까 하노라"(출 19:21-22)

하나님 앞에 제사를 드리는 제사장들조차 몸을 성결히 하지 않은 채 하나님 앞에 나아가면 죽음을 면치 못했습니다. 그것은 하나님 앞에 나아가는 자는 반드시 죄가 없거나 다른 것으로 잠시 가려져야 하기 때문입니다. 구약에서 죄를 잠시 가리는 역할을 한 것은 제물로 드려진 짐승의 피였습니다. 그러나 신약에서는 예수님께서 친히 제물이 되사 단번에 모든 죄의 문제를 해결하셨습니다. 그렇기에 우리는 이제 담대히 지성소로 들어갈 수 있게 된 것입니다.

결국 죄의 문제를 해결 받지 않고서 하나님 앞에 나아가서는 안 되는 것이며, 혹 나아간다 할지라도 하나님께서 그들을 충돌하여 그들의 생명이 사라지고 맙니다. 하나님의 영광과 거룩은 인간의 생명보다 귀중한 것이기 때문입니다. 빛은 어둠에 무자비하듯 빛 되신 하나님 앞에 어두운 죄악을 가지고 나아오는 사람들은 그 빛으로 인해 죽음을 면치 못하게 됩니다. 하나님이 의도적으로 살인하시는 것이 아니라 죄인 스스로 무한한 영광의 빛 앞에 사라지고 마는 것입니다.

3) 생명나무의 열매를 다시 먹으려면

아담은 이러한 사실을 전혀 인식하지 못한 채, 큰 잘못을 저지르고 말았다는 위기감과 두려움으로 인해 앞뒤 분간도 하지 못하며 생명나무의 열매만을 따 먹고 모든 문제들을 해결하려고 했습니다. 쏟아진 물을 다시 주워 담으려는 시도였던 것입니다. 그러나 그것은 문제를 해결하는 좋은 방법이 될 수 없었습니다. 이제 이 세상에 죄가 들어오고 말았기 때문에, 죄 값을 치르고 죄의 문제를 해결하지 않고서는 온전히 해결될 수 없는 것입니다. 하나님께서는 이러한 영적인 원리에 둔감해진 아담을 막으셔야만 했습니다. 그리고 영적인 원리에 따라 일을 진행해 나가셔야만 했습니다. 아담의 잘못된 판단을 막으셔서 그의 육체의 생명이라도 연장시켜야만 아담의 후손을 통해 메시아를 보낼 수 있기 때문이었습니다. 하나님은 여자의 후손을 통해 사망권세를 깨뜨려야만 했으며 뱀에게 빼앗긴 세상권세를 되찾아 오셔야만 했습니다. 이제 아담의 원죄를 담당하고 죄 값을 대신 지셔야 할 존재를 적절한 때에 보내셔야만 했습니다. 그분이 오셔서 선악과 언약을 어긴 아담과 그의 후손들의 모든 책임을 대속해 주셔야만 죄인들에게 다시 영생을 상징하는 생명나무의 열매를 먹을 수 있게 되는 특권이 부여되기 때문입니다.

4) 생명나무의 길을 지켜라!

"이같이 하나님이 그 사람을 쫓아내시고 에덴동산 동쪽에 그룹들과 두루 도는 불 칼을 두어 생명나무의 길을 지키게 하시니라"(창 3:24)

아담은 결국 에덴동산에서 쫓겨나고 말았습니다. 위와 같은 영적인 원리를 전혀 깨닫지 못한 채 동산 안의 생명나무의 열매만을 먹고자 했기 때문입니다. 그는 쫓겨난 이후에도 생명나무의 열매에 대한 미련을 버리지 못한 것 같은데, 왜냐하면 하나님께서는 계속해서 에덴동산으로 이르는 길을 그룹들과 두루 도는 불 칼로 지키셨기 때문입니다. 이처럼 아담의 생명나무에 대한 끈질긴 집착을 하나님은 철저히 막으셨습니다. 그것은 생명을 얻는 길이 결코 아니었기 때문입니다.

에드워드 영은, "생명나무는 누구든지 그 열매를 먹으면 죽지 않는 나무의 열매이므로, 죄인이 생명나무를 먹으면 그 죄가 영속되기 때문에 하나님이 생명나무의 길을 막으셨다."[56]고 주장합니다. 그러나 이는 해석상 큰 오류를 범한 것인데, 생명나무는 죄를 영속시키는 나무가 결코 아니기 때문입니다. 생명나무의 열매에 육체의 생명을 영속시킬 수 있는 신비한 물질이 들어 있는 것이 아니라는 것이 성경적인 해석이기 때문에, 생명나무의 열매는 죄인의 육체를 영생시키는 열매가 될 수 없습니다. 이와 같이 해석해 버린다면, 그것은 진시황제가 찾아다녔던 불로초와 다름없는 나무의 열매가 되고 맙니다. 생명나무는 인간에게 영생을 주는 나무임에 틀림없지만 그 영생은 단순한 육체만의 영생이 아니라 새로운 육체를 포함한 영혼의 영생을 의미하며, 하나님을 믿고 의지하며 그의 계명을 지키는 자와 예수 그리스도를 믿음으로 영접한 자들에게만 주어지는, 구원을 상징하는 열매이기 때문입니다. 그리고 성경은 그 어디에도 죄를 해결 받지 못한 자가 생명나무의 열매를 먹을 수 있다는 기록은 결코 존재하지 않기 때문입니다.

단적인 예로, 요한계시록 21장 27절에 보면, 새 에덴에 들어올 수 있

---

56) E.J.Young, 『창세기 1,2,3장 강의』(한국로고스연구원, 1998), p.119 에서 그는 계속 '상상해 본다.'라는 말을 사용하고 있다. 그러나 그의 주장이 모두 잘못된 것은 아닌데, "우리는 그 나무의 열매에 참여할 권리를 가질 때 그 나무의 열매를 따 먹게 될 것인데, 그 권리는 그리스도를 통하여 받는다."라고 하였다.

는 자는 "오직 어린양의 생명책에 기록된 자들만"이라고 기록하고 있습니다. 즉, 생명나무의 열매를 먹는 자의 자격은 하나님의 백성뿐인 것입니다. 그리고 그 백성 중에서도 사탄과의 영적인 싸움에서 이긴 자에게만(계 2:7) 그 열매를 주셨습니다. 그러므로 죄인이 혹시라도 생명나무의 열매를 먹으면 죄 된 상태가 영속되지는 않을까라는 생각은 성경 해석상의 근본적인 오류를 범하는 것입니다. 생명나무의 성경적인 의미를 전체적으로 바라보지 못한 지엽적인 생각이며 상상력에 의한 주장인 것입니다.

그러므로 하나님이 아담에게 생명나무의 길을 철저히 막으신 것은 아담이 타락한 상태를 영원히 지속시킬 것에 대한 염려나, 언약을 어긴 자에 대한 미움 때문이 아니라, 인간들의 육체의 생명을 살려 주셔서 구속자를 통해 다시 그들을 살리시려는 하나님의 형용할 수 없는 무한한 사랑 때문이었던 것입니다. 하나님은 자신을 배반한 죄인들에게마저 사랑에 눈멀고 마셨던 것입니다.

3. 에덴동산은 지금 어디에 있는가?

창세기 2장은 우리에게 그 옛날 실제로 존재했던 에덴동산의 위치를 자세히 알려 주려고 노력하고 있습니다. 에덴의 위치가 동방에 있었다는 것과 에덴에서 흘러나온 네 강이 지나가는 곳의 지명들(구스, 앗수르, 힛데겔강, 유브라데강 등)이 기록되어 있다는 것은 에덴의 위치를 밝히려고 하는 의도된 기술이 분명합니다. 그러나 성경의 저자는 타락 이후의 에덴동산의 지리적 위치에 대해서는 거의 관심을 보이지 않습니다. 인류의 타락으로 인해 더 이상 에덴은 지구에 존재할 이유가 없었고, 그렇기 때문에 에덴의 지리적인 위치 또한 그 의미가 상실되었기 때문입니다.

에스겔 31장에는 아담과 하와가 쫓김을 당한 후에 버려진 주인 잃은 땅이 된 에덴동산이 나중에 어떻게 되었는지를 자세히 알려 주고 있습니다.

1) 에스겔 31장에 나타난 에덴동산의 최후

"너의 영광과 위대함이 에덴의 나무들 중에서 어떤 것과 같은고 그러나 네가 **에덴의 나무들과 함께 지하에 내려갈 것이요** 거기에서 할례를 받지 못하고 칼에 죽임을 당한 자 가운데에 누우리라 이들은 바로와 그 모든 군대니라 나 주 여호와의 말씀이니라 하라"(겔 31:18)

성경의 중요한 기록방법 중에 하나는, 하나님께서 어떤 대상을 심판하심에 있어 그와 유사한 심판을 받은 사건이 있었다면, 그 사건과 비교하여 설명함으로써 우리들의 이해를 돕는다는 사실입니다. 하나님은 에덴동산의 나무와 앗수르의 아름다움을 서로 비교하여 설명하심으로 에덴동산의 최후를 다음과 같이 간접적으로 말씀하시고 있습니다. 즉, 그 옛날 앗수르 사람들의 위엄과 아름다움은 심지어 하나님의 동산 에덴의 모든 나무들보다 더 장대하며 아름다웠다고 기록하고 있는데, 에덴의 모든 나무들이 앗수르의 나무들을 투기할 정도였습니다.

"하나님의 동산의 백향목이 능히 그를 가리지 못하며 잣나무가 그 굵은 가지만 못하며 단풍나무가 그 가는 가지만 못하며 하나님의 동산의 어떤 나무도 그 아름다운 모양과 같지 못

하였도다 내가 그 가지를 많게 하여 모양이 아름답게 하였더
니 하나님의 동산 에덴에 있는 모든 나무가 다 시기하였느니
라"(겔31:8-9)

그러나 에덴동산의 그 어떤 나무보다 더 장대하고 아름다웠던 앗수르
도 결국 그의 교만으로 인해 하나님에 의해 내어 쫓김을 당하고 말았습
니다. 그의 키가 높고 꼭대기가 구름에 닿아 높이 빼어나자 마음이 교만
해진 것입니다. 그리하여 하나님은 그를 내어 쫓으셨습니다(겔31:11). 열
국의 강포한 나라들이 와서 나무를 찍어버렸고 가지를 떨어뜨렸습니다.
그리하여 구덩이로 내려가는 자와 함께 앗수르 역시 지하로 내려가게 된
것입니다(겔31:14). 성경은 앗수르의 멸망을 설명하기 위해 앗수르에서
자라던 나무에 비유하여 나무가 찍힘을 당하듯 그리고 땅속으로 묻힘을
당하듯 그 나라의 멸망을 설명하였습니다. 여기서 중요한 것은, 에덴동
산의 멸망을 설명하기 위해 그 동산의 나무들 역시 앗수르의 나무들과
동일한 방법으로 설명되고 있다는 사실입니다. 나중에 땅속으로 내려온
앗수르 나무들의 멸망을 보고 먼저 내려와 있던 레바논과 에덴동산의 나
무들이 지하에서 위로를 받게 되었다는 설명은 에덴 역시 땅속으로 사라
진 존재라는 것을 입증해 줍니다(겔 31:16).
그리고 이제 곧 심판을 받게 될 바로와 그의 군대 역시 에덴의 나무
들처럼 땅속으로 사라지게 될 것이라는 말씀도 하셨습니다. 이처럼 하나
님께서는 그 옛날 에덴동산의 모든 아름다운 나무들이 아담의 죄악으로
인해 땅으로 사라져 버렸듯이, 바로와 그의 군대 역시 하나님을 향한 죄
악을 인해 살육 당하여 지하에 내려가게 될 것이라는 경고의 말씀을 주
신 것입니다. 에덴동산이 지하로 사라진 사실을 창세기에는 기록하지 않
으셨다가 그 말씀을 하실 만한 때에, 즉 바로의 심판에 대한 메시지를

나타내실 때 등장시켜 에덴에 대한 사실까지 함께 알려 주시는 것입니다. 다른 곳에서 표현되었을 뿐, 실제로 에덴동산은 아담과 하와가 떠난 후 그 모든 아름다운 나무들과 함께 사라져 버린 것입니다.

그러므로 오늘날 인간들이 찾고자 하는 에덴동산은 이 땅에 더 이상 그 흔적조차 찾을 수 없게 되었습니다. 하나님이 에덴을 해체하셨기 때문입니다. 그렇다면 하나님이 이렇게 하신 이유는 무엇일까요? 그것은 죄 있는 자들이 죄 없는 곳에서 살 수 없도록 하시기 위해서였습니다. 죄 없는 하나님의 동산에 죄 지은 자들이 도무지 거할 수가 없기 때문입니다. 아담의 후손들은 모두 죄인으로 태어나기 때문에 에덴동산을 땅속으로 감추어 버리셨던 것입니다. 이제 더 이상 그 누구도 이 땅에서는 여호와의 동산을 누릴 자격이 없었기 때문입니다.

제11장 새 에덴동산을 향하여

1. 새 에덴동산

"또 내가 새 하늘과 새 땅을 보니 처음 하늘과 처음 땅이 없어졌고 바다도 다시 있지 않더라 또 내가 보매 거룩한 성 새 예루살렘이 하나님께로부터 하늘에서 내려오니 그 준비한 것이 신부가 남편을 위하여 단장한 것 같더라"(계 21:1-2)

그 옛날 여호와의 동산이 땅으로 사라졌다고 해서 실망할 필요는 없습니다. 에덴이 영원히 없어진 것이 아니기 때문입니다. 예수님께서 인간들의 죄의 문제를 해결하신 후에 더욱 새로워진 모습으로 우리에게 나타날 것이라고 약속하고 있기 때문입니다. 요한계시록의 말씀을 통해서 하나님은 하늘로부터 임하는 거룩한 새 예루살렘 성을 우리에게 보여 주십니다. 새 에덴인 새 예루살렘 성은 하나님의 영광이 있는 곳이며, 지극히 귀한 보석 같고 벽옥과 수정같이 맑은 곳입니다(계 21:11). 그 성곽은 크고 높으며, 동서남북 네 문에는 이스라엘 열두 지파의 이름이 기록되어 있는데, 이는 구원받은 구약의 백성들을 상징합니다. 그리고 성곽의 기둥에는 열 두 기초석이 있고 그 곳에 열두 사도의 이름이 기록되어 있는데, 이는 구원받은 신약의 백성들을 상징합니다. 성곽은 벽옥으로 쌓였으며 그 성은 정금으로 지어졌는데 맑은 유리 같은 정금입니다. 또 다른 열두 문은 진주로 지어졌으며 성의 길은 맑은 유리 같은 정금입니다. 마치 신부가 남편을 위하여 단장하듯 아름다운 모습으로 임하는 새 예루살렘 성의 1차적인 뜻은 구원받은 주의 백성들을 의미합니다. 신랑 되신 예수님을 위한 신부로 상징되기 때문입니다.

또한 그 성에는 구원받은 백성들만 있는 것이 아니라 천사들도 있으며(12절) 하나님께서 친히 함께 거하고 계신다고 기록하고 있습니다. 결국 그곳은 하나님의 백성과 천사들과 삼위하나님이 거하시는 천국 그 자체인 것입니다.

그러나 반드시 명심해야 할 것은, 그곳에 들어가기 위해서는 자격을 갖추어야 한다는 사실입니다. "무엇이든지 속된 것이나 가증한 일 또는 거짓말 하는 자는 결코 그리로 들어가지 못하되"(계 21:27a)라는 것입니다. 옛날에 아담이 죄악으로 인해 동산에서 쫓겨났듯이 죄 있는 자들은 결코 하나님의 새 동산에 들어올 수 없습니다. 오직 새 예루살렘 성, 하나님의 나라, 하나님의 동산, 새 에덴에 들어올 수 있는 자는 예수 그리스도를 믿음으로 말미암아 죄 씻음 받은 하나님의 백성, "오직 어린양의 생명책에 기록된 자들만"(계 21:27b)이기 때문입니다.

2. 생명수의 강 좌우의 생명나무

"또 그가 수정 같이 맑은 생명수의 강을 내게 보이니 하나
님과 및 어린양의 보좌로부터 나와서 길 가운데로 흐르더라
강 좌우에 생명나무가 있어 열두 가지 열매를 맺되 달마다 그
열매를 맺고 그 나무 잎사귀들은 만국을 치료하기 위하여 있
더라"(계 22:1-2)

더욱 우리의 마음을 설레게 하는 것은, 사라진 줄로만 알았던 생명나
무가 새 예루살렘 성에 다시 등장한다는 사실입니다. 생명수가 흐르고
있는 강 좌우에서, 생명나무는 강이 제공해 주는 풍부한 수원으로 인해
열두 가지 열매를 달마다 맺고 있습니다. 12라는 숫자가 이스라엘의 열
두 지파의 숫자와 예수님의 열두 제자의 수임을 고려할 때, 생명나무의
열두 가지 열매는 구약의 백성들과 신약의 백성들을 풍성한 생명으로 만
족시켜 줄 것을 나타냅니다.

또한 달마다 열매가 맺는 것은 인간들에게 앞으로 영원히 주어질 것
을 상징하는 것입니다. 생명수와 생명 열매로 인해 하나님의 백성들은
더 이상 갈급하거나 배고픔이 없는 영원한 양식을 얻게 되는 것입니
다.57) 사라진 에덴동산이 이전보다 더 아름다운 모습으로 재탄생하게 된
것입니다.

---

57) 생명나무는 강의 좌편에도 우편에도 있게 된다고 성경은 말씀하고 있는데, 이를 통해 우
리는 생명나무가 예수 그리스도를 상징한다기보다는(예를 들어 어린양이 예수님을 상징하
듯) 생명수와 같이 구원받을 백성이 먹게 되는 양식으로써의 의미가 더 크다고 하겠다. 하
나님과 어린양의 보좌로부터 나온 생명수의 강물이나 생명나무의 열매나 그 근원은 바로
하나님과 어린양이시다.

3. 이기는 자에게 주어지는 생명나무

"귀 있는 자는 성령이 교회들에게 하시는 말씀을 들을지어
다 이기는 그에게는 내가 하나님의 낙원에 있는 생명나무의
열매를 주어 먹게 하리라"(계 2:7)

성경은 하나님의 백성들이 구원과 영생을 얻은 것으로만 기뻐하지 말
라고 분명히 기록하고 있습니다. 즉 우리에게 남은 영적인 과제가 있다
는 사실을 알려 주는데, 그것은 바로 주님이 재림하실 때까지 끝까지 사
탄과의 영적인 싸움에서 싸워 승리하라는 것입니다. 세상과 싸워 이기는
하나님의 백성에게는 하나님의 낙원에 있는 생명나무의 열매를 선물로
주어 먹게 하시겠다는 것입니다. 진정한 영생을 누리기에 합당한 자가
누구인지를 선포하시는 것입니다.

이제 우리는 영생을 확보한 것으로 만족할 것이 아니라, 하나님을 대
적한 사탄의 배반을 명확히 기억하여 원수와의 치열한 영적인 전쟁에서
승리하여 하나님께 영광을 돌려 드리는 것으로 만족해야 합니다. 사탄으
로 인해 잃어버린 그 옛날의 에덴동산을 기억하며 어떤 영적인 전쟁에서
도 지지 말고 승리하여 옛 영광을 되찾으라는 것입니다. 개인적인 구원
에만 집착하고 주님이 명하신 다른 계명들을 소홀히 여긴 적이 있다면,
다음의 말씀을 통해 우리는 부끄러워해야만 할 것입니다.

"만일 누구든지 이 두루마리의 예언의 말씀에서 제하여 버
리면 하나님이 이 두루마리에 기록된 생명나무와 및 거룩한
성에 참예함을 제하여 버리시리라"(계 22:19)

4. 처음 사랑과 처음 행위를 회복하라!

"그러나 너를 책망할 것이 있나니 너의 처음 사랑을 버렸느니라 그러므로 어디서 떨어졌는지를 생각하고 회개하여 처음 행위를 가지라 만일 그리하지 아니하고 회개하지 아니하면 내가 네게 가서 네 촛대를 그 자리에서 옮기리라…이기는 그에게는 내가 하나님의 낙원에 있는 생명나무의 열매를 주어 먹게 하리라"(계 2:4-7)

아담과 하와가 버려버린 첫사랑을 예수님은 요한계시록에서 다시 언급하십니다. 소아시아 일곱 교회의 첫 번째 교회인 에베소교회를 향하여 하나님을 향한 첫사랑을 다시 회복하라고 강하게 명하시는 것입니다. 생명나무의 열매는 '이기는 자'에게 주어지는 상급이라고 성경은 강조하고 있습니다. 이처럼 성경의 마지막 책인 요한계시록에서 '이김'을 강조하는 이유는, 그 옛날 창세기의 첫 아담의 '실패'를 기억하고 다시는 그의 전철을 밟아서는 안 된다는 것을 강조하기 위해서인 것입니다. 생명나무의 열매를 먹기에 합당한 자가 되는 첩경은 하나님에 대한 처음 사랑과 처음 행위를 가지고 회개하는 것임을 분명히 지적하고 있습니다.

신앙생활 중에 여러 가지 유혹으로 인해 주님에 대한 사랑이 식을 수도 있습니다. 그러나 그러한 상태를 재림 때까지 지속시킬 수는 없을 것입니다. 주님을 향한 처음 사랑과 처음 행위를 회복하지 않으면 범죄 한 첫 아담과 다를 것이 없습니다. 언제든지 사탄의 은밀한 유혹이 밀려오면 옛 아담처럼 범죄 할 가능성이 농후한 자에게 하나님은 생명나무를 주시지 않을 것입니다. 심지어 주님은 에베소교회를 향하여, 첫사랑을 회복하지 않으면 구원의 문이 되는 주님의 교회를 옮겨버리시겠다고 까지 말씀하셨습니다. 첫사랑을 버린 것이 구원을 잃어버린 것과 동일한 사건임을 다시 한 번 상기시켜 주는 것입니다. 이처럼 하나님을 향한 사랑은 단순한 감정의 문제가 아니라 구원의 문제라는 사실을 명심해야 합니다. 진정으로 구원을 얻은 자의 사랑과 행위는 순전하고 온전하며 변함이 없어야 할 것입니다.

첫 사람 아담의 변심으로 성자 하나님의 죽으심이 불가피했으며, 독생자의 생명을 버리고 이루신 구속은 주님의 교회를 이루게 되었습니다. 교회는 주님의 피로 값 주고 사신 세상에서 가장 귀한 것입니다. 그렇기 때문에 주님은 너무나 당연하게도 구원 얻은 백성들을 향하여 타락 이전의 처음 사랑과 처음 행위를 기대하시고 요구하시는 것입니다. 예수님이 목숨까지 버리고 인간들을 구속하시려 했던 이유가 바로 인간들을 타락 이전의 아담과 하와가 하나님을 사랑했던 그 사랑으로 다시 회복시키기 위함이었기 때문입니다. 그러므로 처음 사랑의 회복은 선택사항이 아닙니다. 무조건 행해야 하는 필수사항입니다. 그리스도께서 이것을 위해 죽으셨기에 구원받은 주의 백성은 그 어떤 일보다도 먼저 하나님과의 첫 사랑을 다시 회복하는 일에 최선을 다해야 하는 것입니다.

지금까지 우리는 선악을 알게 하는 나무의 정확한 의미를 찾고자 많은 질문을 던졌습니다. 그리고 그 대답들은 이제 거의 확실해졌습니다. 오직 성경을 통해 이해함으로써 그 어떤 질문에도 대답할 수 있게 되었습니다. 결국 선악을 알게 하는 나무는 인간에게 타락의 원인을 제공하지도 않았으며 오히려 그 타락의 가능성에서 인간을 보호하시기 위해 주어진 하나님의 특별한 보호 장치였습니다. 그럼에도 최초의 인류가 그 선악과를 통해서 시험에 빠진 것은 그들 자신의 심각한 의지적 반역으로 인한 것이었으며, 이는 전적으로 인간들의 책임입니다. 인간은 나약하게 지어진 존재가 아니었음에도, 사물의 본질을 바로 꿰뚫는 뛰어난 통찰력이 있었음에도, 그리고 한 사람이 아닌 두 사람이 함께 있었음에도 그들은 감히 피조물이 창조주가 될 수 있다는 뱀의 유혹에 그들 스스로를 악하게 만들었고 하나님이 아닌 사탄에게 복종하였던 것입니다.

최초의 인류에게, 그리고 그의 후손들에게 하나님이 금하신 단 한 가지, 그것은 피조물들이 감히 하나님의 자리만큼은 욕심내지 말라는 것이었습니다. 그것은 그분의 자리가 위협을 받아서가 아닙니다. 오히려 피조물들이 그분의 불가침적인 거룩한 자리를 침범하지 않아서 그들의 생명을 보존해 나가라는 주님의 인자하심에서 비롯되었던 것입니다. 그러므로 선과 악을 알게 하는 나무의 '선'이라는 것은 피조물이 피조물의 위치에서 창조주를 경외하고 그분의 주되심을 인정하며 언약을 지키면서 살아가는 것이고, '악'이라는 것은 피조물이 피조물의 자리에 만족하지 못하고 창조주의 자리에 오르고자 언약을 깨뜨리며 하나님의 왕위를 찬탈하고자 하는 악한 행위를 의미했던 것입니다. 결국 선악과는 하나님이 인간에게 베푸신 큰 사랑의 선물이었으며 인간들의 삶을 계속 보존하시기 위한 주님의 나무였던 것입니다. 그렇기 때문에 하나님은 에덴동산 한 가운데 생명나무와 선악과나무를 두셨고 인간들을 안전하게 다스리며 통치하려고 하셨습니다. 인간들에게 영원한 생명을 선물로 주시면서 동시에 하나님과의 가장 기본적이며 본질적인 언약만큼을 지킬 것을 원하신 것입니다.

그러므로 이제 우리는 생명나무와 선악과나무를 통하여 인간을 향한 하나님의 사랑을 올바로 깨닫게 되었습니다. 이제 다시는 주님의 명령을 배반하지 않으며, 하나님이 우리에게 행하신 놀라운 사랑과 구속을 찬양하고, 장차 우리에게 주어질 새 에덴동산을 바라보며 모든 환난 가운데서도 참 소망을 품고 살아야 할 것입니다. 이기는 자에게 약속된 생명나무의 열매와 그 면류관을 바라보며 최선을 다해 마귀와 싸워 승리해야 할 것입니다. 첫사랑과 처음 행위를 회복하라는 주님의 명령을 기억하여 지금 우리의 영적인 상태가 어떠한지 살펴보고 신속히 주님이 원하시는 수준까지 변화시켜야 할 것입니다. 아직도 삼위일체 하나님의 그 큰 사랑을 알지 못하는 수많은 사람들에게, 주님이 하셨던 것처럼 우리도 생명을 걸고 구원의 복음을 전하는 신실한 종들이 되어야 할 것입니다. 이와 같이 우리를 향하신 하나님의 모든 기대를 소중히 여기며, 하나님의 일을 이루기 위해 최선을 다하는 자야 말로 진정으로 선악을 알게 하는 나무의 진실을 깨달은 자라고 할 수 있을 것입니다.